禅語にしたしむ

悟りの世界からのメッセージ

愛知学院大学 禅研究所［編］

大法輪閣

巻頭言

禅は「不立文字　教外別伝　直指人心　見性成仏」を標榜します。これは、文字にとらわれることなく、真理に迫ることを説く禅の姿勢を示したものです。ところが、禅宗には文字で著された語録などの膨大な文献が残されています。それぞれの禅僧が自らの境地を表し、弟子の指導のために語ったことばなど、そこには一人ひとりの禅者としての生き方が示されていると言ってもよいでしょう。

愛知学院大学は、明治九年に創設された曹洞宗の教師育成機関の伝統を受け継ぎ、昭和二十八年に禅の教えにもとづく人間教育を目指して設立されました。それ以来、宗祖道元禅師の教えにしたがい、「行学一体」の人間形成と、

「報恩感謝」の生活が実践できる社会人の育成を建学の精神として、多くの卒業生を社会に送り出してまいりました。そして現在も、九学部十六学科と短期大学部一学科、それに大学院九研究科に約一万二千人の学生を擁する総合大学として日々発展を遂げています。

本学では上記の「建学の精神」を発揚するとともに、禅の教えを学内外に弘めることを目的として、昭和四十年に禅研究所が設立され、さらに、昭和五十五年には本格的な坐禅堂が大学構内に建設されました。そして本年平成二十七年は、禅研究所開所五十周年、坐禅堂開単三十五周年という記念すべき年となりました。

そこで、本研究所では記念事業の一環として、『禅語にしたしむ』の刊行を企画しました。本書には八十一篇の禅語解説が収められており、そのことばを遺した祖師方と同様に、解説にもそれぞれの執筆者の考え方や想いが込められています。

本書をとおして、禅語が導く心の世界に触れていただくことができるなら、これに優る喜びはありません。最後に、各執筆者のご尽力に深く感謝申し上げますとともに、一人でも多くの方が禅の世界に触れて下さることを祈念して、巻頭の言葉といたします。

平成二十七年 十月 吉日

愛知学院大学 学長
佐藤 悦成

目次

巻頭言……愛知学院大学学長　佐藤悦成　1

第一章　仏道を歩む――発菩提心――　13

1　冷暖自知……14
2　衆星、北辰に拱う……16
3　発菩提心……18
4　生死事大……21
5　一日不作一日不食(1)……23
6　一日不作一日不食(2)……25
7　他は是れ吾にあらず……28

第二章
執着を捨てる——放下著—— 31
1 放下著……32
2 本来無一物(1)……34
3 本来無一物(2)……36
4 知足……39
5 粥飯頭……42
6 学道先須学貧……45
7 行雲流水……48
8 平常心是道……50
9 八風吹不動……53

第三章
相対を離れる——無分別—— 57
1 梅、早春を開く……58
2 両忘……60
3 心不可得……62

4 指月……65
5 百丈野狐……67
6 狗子仏性有無……69
7 銀盌盛雪……71
8 庭前柏樹子……74
9 莫妄想……77

第四章

言葉を超える――不立文字―― 81

1 不立文字……82
2 廓然無聖……85
3 是什麼物恁麼来……88
4 思量・不思量・非思量……91
5 一円相……94
6 趯倒浄瓶……96
7 呵々大笑……98

第五章 修行と悟り——本証妙修—— 101

1 只管打坐 102
2 行持道環 105
3 不染汚 108
4 磨甎作鏡 111
5 久習模象、勿怪真龍 114
6 仏向上事 117
7 独坐大雄峰(1) 120

第六章 大悟の因縁——如実知見—— 123

1 三昧 124
2 十方壁落なく、四面また門なし 126
3 聞声悟道 129
4 画餅 132
5 眼横鼻直 135

6 空手還郷……138
7 狸奴白牯却って有ることを知る……141
8 回光返照……144

第七章 真実の自己――己事究明―― 147

1 本来の面目……148
2 脚下照顧……150
3 擔板漢……152
4 随処作主立処皆真……154
5 乾屎橛……156
6 天上天下唯我独尊……159

第八章 いまを生きる――時節因縁―― 163

1 時節因縁……164
2 吾常於此切……166

3 日面佛月面佛 169
4 前後際断 171
5 一期一会 174

第九章
悟りの風光——偏界不曾蔵—— 177

1 春風高下無く、花枝自から長短 178
2 明歴々露堂々 180
3 滴丁東了滴丁東 182
4 一切衆生悉有仏性 184
5 偏界不曽蔵 186
6 溪声山色 189

第十章
風流を暮らす——日日是好日—— 193

1 日日是好日 194
2 歩歩起清風 197

3 弄花香満衣……199
4 釣月耕雲慕古風……201
5 喫茶去……203
6 滋味なき処に深き滋味あり……206

第十一章
弟子を導く――老婆親切―― 209
1 百尺竿頭更進一歩……210
2 寰中は天子、塞外は将軍……212
3 草を打して蛇驚く……214
4 趙州看婆……216
5 老婆心……218
6 老古錐……220

第十二章
接化の機縁――啐啄同時―― 223
1 独坐大雄峯(2)……224

2 啐啄同時……226
3 応時応節……228
4 応無所住而生其心……231
5 無位の真人……234
あとがき……237
禅語索引……240
人名索引……247
本書執筆者一覧……251

●装幀……山本太郎

第一章

仏道を歩む

——発《ほっ》菩《ぼ》提《だい》心《しん》

1

冷《れい》暖《だん》自《じ》知《ち》

たとえば、「冷暖自知」ということばがある。水を飲んではじめて水の冷たさ暖かさを真に味わうことができることをいうのであるが、仏法の、また禅の真髄《しんずい》はみずからの体験を通してはじめて真の理解に達することを教えることばである。しかし、これはひとり仏教なり禅なりの教えであるにとどまらず、人間生活のあらゆる局面についても妥当するといえる。

老若男女を問わず、わたしたちが立ち向かう人生は、それぞれに厳しく、かつ非凡である。みずから自分の固有の辞書をひもときながら、〝世の中〟という手強い、そしてやり甲斐のあるしろものを苦労して料理していくことが要請されている。期待通りには必ずしもことが運ばないことにも当然であうに違いない。失意や挫折に終わることになるかも知れない。しかし、それに屈せず再起を企てることもまたこの世に生を享けたものの特権であり義務であると思う。愛惜《あいせき》とあきらめはすでに人生の終わりを意味することを、わたしたちはこころに銘記しなければならない。

人間は、いわば、ひとり残らず〝わが人生〟というタイトルで、たった一冊の大河小説を生涯をかけて書き上げていかなければならないという命題を課されている存在であるということができよう。その意味において、日々の体験の中で、文字通り現実を〝冷暖自知〟して、一ページずつこの勇編を書き上げていくことが人間であることの証しであるということになる。愛知学院大学が掲げる「行学一体《ぎょうがくいったい》」の学是《がくぜ》の真意もこのことにほかならない。

（中祖一誠）

2

衆《しゅ》星《せい》、北《ほく》辰《しん》に拱《むか》う

『論語』のなかに「北辰その所に居て、衆星之に拱《むか》う」ということばがでてきます。北辰《ほくしん》というのは北極星のことです。天空の北極近くに位置し、地球の日周運動のあいだ、つねに方向を変えることがありません。そのため、海洋を渡る船の唯一の指標となり、目的地への到達を保証します。この北極星を中心にして、天界の諸星は巡りながら美しいコスモスの世界を織りなしています。『論語』では、政《まつりごと》を行うに、為政者は徳をもってそれに臨まなければならない、至誠・至徳のあるところ、民はひとり残らず、これに随《したが》うと教えているわけです。つまり、徳治主義が法治主義に優ることを教える言葉です。

しかし、これはただに徳治の勧奨の比喩《ひゆ》に尽きるものではありません。現在私たちは、かつて経験することのなかったグローバルな環境のなかに生きています。複雑な社会環境のもとで、さまざまな価値観にあえいでいるのが現在の状況です。そのため、このような状況を克服して、確固とした生きるよりどころとなる指標（北辰）をたずねることがとりわけ必要です。その道は各人各様ですが、さしあたって、禅を志すものにとっての北辰は、〝ひたすらに坐に生きる〟（只管《しかん》打坐《たざ》）ことにあると思います。

「本来本法性《ほんらいほんぽっしょう》、天然自性身《てんねんじしょうしん》」（衆生はみな本来そのまま仏性をそなえている）という大いなる疑団を抱いて中国に渡った道元古仏《こぶつ》は、師、如浄のもとで〝身心脱落《しんじんだつらく》〟という北辰を見いだし、坐に生きる道を歩みました。わたしたちも同じように、みずからの〝北辰〟を見いださなければならないと思います。

（中祖一誠）

3 発《ほっ》菩《ぼ》提《だい》心《しん》

道元の禅風を端的にあらわすことばがいくつかありますが、「発菩提心」も重要なことばの一つです。『正法眼蔵《しょうぼうげんぞう》』のなかに「発菩提心」という巻がありますし、仏道修行の要諦《ようてい》を説く『学道用心集』では「菩提心を発《おこ》すべきこと」が第一則に掲げられています。

道元のいう「学道」ということばは、今日わたしたちが「学問」と呼んでいるものに相当するわけですが、その内容も方法も随分とことなっています。現在、わたしたちが学問という場合、真理の探究とか処世のための知識の習得を意味しているわけですが、道元のいう「学道」は「学仏道」を意味します。つまり、「仏の道」を学ぶことであり、「仏祖の道」を学ぶことになります。仏祖といいますと、わたしたちは釈尊を思い浮かべますが、道元の場合には、釈尊の教えを代々にわたって伝えてきた祖師たちも含まれます。つまり、仏々祖々の歩んできた道もまた「学道」に含まれることになります。

それでは、仏法は釈尊から始まったかというと、そうだともいいきれません。確かに歴史的な事実としてはそういうことになります。しかし、仏典のなかに、「過去七仏《しちぶつ》」とか「七仏通誡《つうかい》偈《げ》」ということばがでてきます。釈尊すらも、新しく仏法を唱えたのではなく、みずから「古道を歩む」という認識に立って教えを説いたことになります。妙ないい方になりますが、「仏陀以前の仏教」を学ぶということになります。ここまできますと、学問といっても、今日わたしたちがいっているものとはよほど異なった性格を帯びてきます。このような学問への動機はどのようにしてなり立つかというと、道元にしたがえば「菩提心を発す」ことにおいてなり立つわけです。

「菩提」ということばは古代インドの「ボーディ」ということばを音訳したもので、「道」とか「覚《さと》り」、「知恵」などを意味しています。道元はこれを「道を求める心」、「道心」とも述べています。しかし、わたしたちはここで早速つまずいてしまいます。学ぶ対象も目的もなく、「道」が何であるかということがわからずして道心をおこすことを求められてもいたしかたがないではないかということになります。

そこで、道元のことばに立ちかえってみましょう。「右、菩提心は、多名一心なり。龍樹菩薩《りゅうじゅぼさつ》の曰《いわ》く、唯、世間の生滅無常《しょうめつむじょう》を観ずる心も亦《また》菩提心と名づくと。然れば乃《すなわ》ち暫く此の心に依るを菩提心と為《な》すべきか」。菩提心はいろいろな名で説明されていますが、根本的には一つの心であるというのです。さらに道元は、二世紀頃のインドの学僧である龍樹菩薩のことばにしたがって、「世間の生滅無常を観ずる心」がとりもなおさず菩提心であるといい、「無常を観ずる時、吾《ご》我《が》の心生ぜず、名利の念起らず、時光の太《はなは》だ速かなることを恐怖す」と続けています。無常を思うとき、自己中心のよこしまな心も、他に先駆ける名誉心も消滅して、みずからの身命のじつに脆《もろ》く儚《はかな》い存在であることに思いいたり、道を求めることに一途に精進することになることを示しています。

つまり、「学道」における「学」というのは、生死流転《しょうじるてん》の現実世界においていかに生きていくべきかを探究することにほかならないということになります。そして、このことは、二千数百年前に菩提樹下において正覚《しょうがく》を達成した釈尊の原体験にたちかえって、それを追体験することにほかなりません。発菩提心の究極の課題がこの点にあることを『学道用心集』は説き明かしているということになります。「無常を観ずる」ということが、「発菩提心」の別称にほかならないのです。

（中祖一誠）

4 生《しょう》死《じ》事《じ》大《だい》

禅宗の修行道場では、時を告げる手段としてさまざまな道具を用います。その中の一つに「木《もっ》板《ぱん》」という一枚の木の板で作った法具があり、その表面に「謹大衆白　生死事大　無常迅速　各宜覚醒　慎莫放逸」と墨書されているものがあります。この句は、修行者に対して「生死とは重大なことである。時は無常にも過ぎ去ってしまう。各々しっかりとこの現実を見つめ、常に弁道《べんどう》精進し続けなさい」という意味です。

道元禅師の著書『正法眼蔵』から抄録して作成した経典に『修証義《しゅしょうぎ》』があります。この経典の冒頭に「生《しょう》を明らめ死を明らむるは仏家一大事の因縁なり」とあります。「生とは何か」「死とは何か」をはっきりとさせることが仏教徒にとって重要なことだと説いています。また、このことは生死の問題だけにとどまりはしません。私たちの日常生活で起こりうる問題の解決も重要な問題となります。生じた出来事にとらわれるのではなく、そのことに向き合うことが大切なのです。そのことが、ともすれば生きていく根本問題の解決となり、生死の意味を考えることになっていきます。

釈尊は遺言として「この世は無常であるから、怠けてはならない」と言い残しました。この世で常住不変なものは何一つありません。形あるものはいつか壊れ、命あるものはいつか死を迎えます。「無常迅速」という一句に見られるように、刻々と時は経ってしまい、気が付くと長いと思っていた人生も瞬く間に過ぎ去ってしまいます。私たちにはそれぞれ為《な》すべきことが多くあります。「生死事大」は、日々の起こりうる問題を解決し、一日一日を大切に生きていこうという合言葉なのではないでしょうか。

（山端信祐）

5 一日不作一日不食(1)

（一日《いちにち》作《な》さざれば一日《いちにち》食《く》らわず）

この語は、『景徳伝燈録《けいとくでんとうろく》』『祖堂集』『五燈会元《ごとうえげん》』などに出てくる百丈懐海《ひゃくじょうえかい》（七四九～八一四）の有名な言葉です。元来、僧侶は托鉢を行い、在俗の方達から食事等の布施を受け、僧侶が労働に従事することはありませんでした。インドから伝来した僧侶の在り方を抜本的に変革したのが、百丈懐海なのです。自ら『百丈清規《しんぎ》』（現在せず）を著し、禅門における修行として、一に作務《さむ》、二に坐禅、三に看経《かんきん》（読経）を制定いたしました。

百丈は、齢《よわい》八十歳になっても、日々作務をつづけておりました。弟子たちは、師の身を案じて、作務を止めるよう進言しましたが、決して聞き入れられることはありませんでした。弟子たちは、一計を案じ、作務をするための道具を隠して、作務ができないようにしました。百丈は、道具がないので、止むなく作務を止めましたが、その代わり三日間も坐したままで、食事を口にすることはありませんでした。弟子たちは、その理由を師に尋ねました。百丈は、巻頭の「一日作《な》さざれば、一日食らわず」と一言、答えられました。弟子たちは、自らの非を謝り、道具を出しますと、師は作務を始め、食事をとられたのです。

禅門において、坐禅・看経は勿論大切ですが、それ以上に重要な修行が、作務すなわち労働に従事するということです。作務は、「仏作仏行《ぶっさぶつぎょう》」といわれますように、作務は単に労働に従事するだけでなく、作務を通して仏の教えを実践し、活きた仏の教えを身心に具現せよ、というものであります。

（大野榮人）

6 一日不作一日不食（2）

（一《いち》日《にち》作《な》さざれば一《いち》日《にち》食《く》らわず）

インドの仏教では、出家者が自ら耕作をして食物を得ることを硬く禁じていました。そこで出家者たちは托鉢乞食《こつじき》や信者からの布施によってその日その日の糧を得るという生活をしていました。中国でもその伝統がしばらく守られ、インドから中国に渡り禅を伝えた達磨《だるま》やその弟子の時代には、そのような生活がされていたようです。

信者が多い都市で活動し、しかも少人数の集団ならそれも可能だったでしょうが、中国禅宗は、都市を離れ、山岳地帯や田園地帯にその地盤を築くようになり、さらには四祖道信《どうしん》（五八〇～六五二）のもとには五〇〇人もの修行者が、六祖慧能《えのう》（六三八～七一三）の門下には僧俗合わせて三五〇〇もの人が集まったとされ、信者の布施だけに頼っていたのでは寺院経営は成り立たなくなっていました。そのような寺院を取り巻く環境の変化にともなって、出家者たちは、生活の手段として耕作労働をするようになったのです。

このように、やむを得ずされるようになった耕作労働でしたが、百丈懐海《ひゃくじょうえかい》（七四九〜八一四）において、その捉え方が劇的に変化しました。それを示しているのが「一日不作、一日不食」ということばです。「一日はたらかざれば、一日食らわず」と和訳しますが、これには次のようなエピソードがあります。百丈は、毎日の食物は自ら生産し、必ず修行僧の中で率先して労働をしていました。年をとってからも同じようにしていましたが、ある日主事（寺の運営役）が、見かねて農具を隠して休息を願いました。百丈は農具を探しましたが見つからず、自分に徳がないから、人の厄介になれないと考え、その日は食事をとりませんでした。「一日不作」の「作」というのは、作務すなわち労働をすることです。この話では、インド仏教では禁じられた労働が、もはや単なる生活の手段ではなく、〝仏のはからい〟であり〝仏のすがた〟であることを示しているということです。つまり、労働をするという日常生活のあり様が、実は仏法そのものであることなのです。

われわれも学業を終えれば生活していくために働かなければなりません。しかし、ひとつの職に就き専念していくと、その道のプロになるばかりでなく、同時に豊かな人間性も育まれていくと思います。そのような示唆がこの話には含まれているのではないでしょうか。

また、禅院での生活というのは多くの修行者たちによる集団生活です。集団生活には必ず規則が必要となります。国には憲法や法律、学校には校則があるように、禅院には清規《しんぎ》とよばれる生活規範があります。それらを守ることによって、集団の秩序が維持されるのです。禅宗で初めて清規を定めたのが百丈なのです。そのような清規制定の精神も、この話の中にあらわれているのです。

われわれは、複雑かつ変化の激しい世の中を生きています。ややもすると、自分のことしか考えず、しかも楽に生きたいと考える人が少なくないと思います。それがトラブルや事件に発展することもあります。そのような風潮に対する訓戒としてこのことばを捉えてみてはどうでしょうか。

（河合泰弘）

7

他《た》は是《こ》れ吾《われ》にあらず

私たちは、日常生活の中で雑用や雑務と表現したくなるような仕事を、やらなければならない時がある。その時私たちは、その仕事に対して、「やりたくない」などと考えることが多い。しかし、このように考えることは、決して良い結果をもたらさないことが多い。なぜなら、そのように考えると更にその仕事が嫌になり、心に余計な負担を感じるからである。では、一体どのように考えればよいのであろうか。

一二二三年、二四歳の道元は真の仏道を求めて、中国に渡った。道元が主に修行に励んだのは、中国禅院の五山の一つである景徳寺であった。そこで、「典座《てんぞ》」と呼ばれる修行僧の食事係の僧侶に出逢ったことが、一つの衝撃であった。標題の「他は是れ吾にあらず」は、景徳寺で学んだことを記した『典座教訓』に収められている言葉である。

夏のある暑い日、昼食を終えた道元が、自分の部屋へ戻ろうと廊下を歩いていると、用《ゆう》という名の年老いた典座が、仏殿の前で椎茸（一説には海藻）を日に干していた。ジリジリと強い日差しが照りつける中、笠も着けず、背骨が弓のように曲がり、眉毛は鶴のように真っ白で長かった。道元は、典座が行なっていた仕事が気になり声をかけた。道元が年齢を訊ねると、「六八歳」と答えた。続いて道元は、「高齢のあなたが、どうして若い修行僧や、お手伝いをする人の力を借りないのか」と質問した。すると老典座は、「他は是れ吾にあらず」と答えた。つまり他人は他人、自分は自分である。自分は自分に与えられた仕事を精一杯する。それが、禅の教えだという意味である。そこで道元は、「それは分かった。しかし、涼しくなった時に今の仕事をやればよいのではないか」といった。それに対して、老典座は、「さらに何《いずれ》の時をか待たん」と答えた。後にしようと言い訳をしていたら、貴重な時間を逃してしまうという意味である。

私たちは、「どうしてこんなつまらない仕事を自分がしなければならないのか」などと愚痴をこぼすことがある。しかし、道元は老典座との短い会話の中で次の三つのことを学んだ。第一に、自分に与えられたことは、自分でやらなければならないこと。第二に、修行は他人任せにできないこと。第三に、後日に延ばすのではなく、その時その場で精一杯行なうことが、禅の教えであるということであった。

二〇一四年、サッカー日本代表の本田圭佑選手（当時二七歳）が、イタリアのセリエAのACミランへ、ＶＩＰ級の扱いで移籍した。本田選手は記者会見で、「セリエＡでエースナンバーの十番を着けることが、小学生の頃からの夢であった」といった。続いて彼は、「僕自身がここに辿り着くまでには、非常に時間がかかった。しかし今、子供たちに伝えたいことは、一つずつ階段を上れば、いずれ自分が願う夢を叶えることができるということだ」と語っていた。

このことは、道元が老典座から学んだ、自分でやらなければ自分の修行にはならないこと、いつかやろうと思っていたら結局できるものではなく、その時その場を全力で生きる大切さの教えに通じると思われる。筆者自身、人生を生きるにあたり、老典座の言葉の重さを改めて痛感する。

（武藤明範）

第二章

執着を捨てる——放下著《ほうげじゃく》

1 放《ほう》下《げ》著《じゃく》

この言葉は、『従容録《しょうようろく》』に出ています。「ほうげじゃく」と読みます。「放下」は手放す、投げ捨てるという意味で、「著」は助辞です。「放下著」は「すべてを投げ捨ててしまえ」というほどの意味です。

趙州従諗《じょうしゅうじゅうしん》の弟子の厳陽善信《げんようぜんしん》が師に対して、「一物不将来の時いかん（すべてのものを捨て去って何一つ持っておりませんが、そんな時どうしたらいいのですか）」と、尋ねました。趙州は、「放下著」と答えました。厳陽は、「すでにこれ一物不将来、このなにをか放下せん（すでに何も持っていないと答えたではないですか。捨て去れと言われても、捨て去るものは何もありません）」と、反問しました。趙州は、「いんもならば則ち担取《たんしゅ》し去れ（すべてを捨て去って何もないというのであれば、かついで行きなさい）」と、答えました。

この師弟の問答は、問答になっておりません。まさに禅問答です。問題は、厳陽が「すべてのものを捨て去って何も持っていない」と自らが言えるほどの優れた弟子であったわけですが、「何も持っていない」(無執著)ことに執著する心があります。趙州は、執著しないことに執著する心をも否定していたのです。師のこの語によって、厳陽は開悟しました。

私どもは、生と死、苦と楽、是と非、善と悪、自と他などの相対思考をして、重い荷物を背負って生きています。所有するからこそ苦悩を生じるのです。無所得、無一物の心で生きられるように、心の大掃除をしなければなりません。

(大野榮人)

2 本来無一物《ほんらいむいちもつ》(1)

この語は、『六祖壇経《ろくそだんきょう》』や『正法眼蔵《しょうぼうげんぞう》』などに出てくる六祖慧能《えのう》(六三八〜七一三)の言葉です。『六祖壇経』には、「菩提にもと樹なく、明鏡もまた台に非《あら》ず。本来無一物、何れの処にか塵埃をひかん」とあり、慧能が神秀《じんしゅう》(?〜七〇六)に対して言った言葉です。すなわち、神秀は、身は菩提樹とか心は明鏡台であるといわれますが、私・慧能には菩提も煩悩も身も心も一切なく、本来無一物そのものです。だから塵や垢もつくことはないので払ったり拭ったりする必要もない、というものです。「本来無一物」とは、刹那生滅するすべてのものには実体がなく、この世の中には、本来、執著すべき一物も存在しないことを教示します。

道元禅師も『正法眼蔵』「古鏡」巻に、慧能の故事を引用された後、「しかあれば、この道取を学取すべし。大鑑《だいかん》高祖、世の人、これを古仏《こぶつ》という。圜悟《えんご》禅師いわく、稽首《けいしゅ》、曹渓《そうけい》真の古仏。しかあれば知るべし、大鑑高祖の明鏡を示す、本来無一物、何処有塵埃なり。明鏡非台、これ命脈あり、功夫すべし」と、慧能の「本来無一物」の仏法の重要性を示唆されています。

私どもは、自我をつくり、相対分別をしつづけ、あらゆるものを所有し、所有したものに執著しつづけて生きています。如何に多くの財産やものを所有したとしても、死滅することにより、最終的に私のものは何一つとしてないことに目覚めなくてはなりません。また、自我にまみれた私からも私を開放しなくてはなりません。本来、仏としての自己に出会うこと。それが私どもに課せられた命題です。

（大野榮人）

3 本来《ほんらい》無《む》一《いち》物《もつ》（2）

「むいちもつ」という言葉はその読み方が何となく面白い気がしていつの間にか覚えていました。初めは「無一文」という表現と重ね合わせて「何もかも失ってしまった哀れな様子をいうんじゃないか」くらいに思っていたのですが、「本来無一物」となると俄然哲学的な響きを持ってくるのが不思議です。

この言句は中国禅宗六祖《ろくそ》の大鑑慧能禅師《だいかんえのうぜんじ》（六三八〜七一三）のものと言われており、『六祖壇《ろくそだん》経《きょう》』に次のような偈《げ》（漢詩）が載せられています。

菩提本樹無し《ぼだいもとじゅな》、明鏡亦台に《めいきょうまただい》非《あら》ず。本来無一物《ほんらいむいちもつ》、何《いず》れの処《ところ》にか塵埃《じんあい》を惹《ひ》かん。

これは五祖《ごそ》の弘忍大師《こうにんだいし》が後継者たる六祖を決定する機縁となった言で、慧能の心境が遺憾なく示されているということです。ここでの本来無一物とは、「私達人間の身心の生まれたままの本性は元々ピュアなもので菩提だの明鏡だのといった言葉で解説したり、思慮で推し量ろうとするまでもない」といった意味です。慧能という人物はこの本来の純粋さをずっと保ち続けていた稀《け》有《う》の人だったので六祖と成り得たのでしょう。しかし、現在の私達の「あるがまま」は薄汚れてしまっています。慧能の先輩の神秀《じんしゅう》という人はそこに焦点をあてていたと思うのですが、この点については今回説明を省略します。

一方、茶道に「わび茶」という言い方があります。本来無一物とは、日本的形式美のひとつの極致である「わび」の精神を示唆する言葉として茶室の掛け物でも馴染みのある言句なのです。この場合は「わざとらしい処や飾り気のない閑寂《かんじゃく》な趣《おもむき》」を愛《め》でるわび好《ごの》み（侘《わ》び数奇《すき》）を象徴的に言い表す言葉として用いられているのでしょうが、根っこは先の慧能の境涯に通じる面があります。ただし、ここでは「俗っぽい余分なものを全て捨て切ってしまう」という条件が達成された時、清々とした本来無一物の生き方が自然に現れ出るというわけですから、この言句はわび好みの生き方の理想を呈示しているともいえます。

ところが、欲望の対象に事欠かない現代社会において、全てを捨てるということはいかにも困難なことに思えます。『新約聖書』のマタイ伝に、裕福な青年がイエスに「永遠の生命を得るためにどうしたらよいか」と尋ねる話があります。イエスが「帰ってあなたの持ち物を売り払い、貧しい人々に施してから、私に従いなさい」と告げますと、青年は落胆して去っていったというのです。彼はあらゆる律法を堅く守っていたのですが、多くの資産を持っていたからです。更にその後でイエスは弟子達におっしゃいました。「富んでいる者が天国にはいるのはむずかしい」、「富んでいる者が神の国にはいるよりは、らくだが針の穴を通る方がもっとやさしい」と。

こうした現実を想うとき、あらためて、この禅語のいさぎよさに感心いたします。

（岡島秀隆）

4 知《ち》足《そく》

二〇一三年、「日本人の伝統的な食文化（和食）」がユネスコの無形文化遺産に登録された。日本には古来より「自然を尊ぶ」精神があり、これに基づいた食の風習が世界において評されたのである。ところが飽食の時代といわれる今日、日本人の食に対する意識が低下しているからであろうか、食べられるものであっても廃棄される膨大な食糧が問題として取り沙汰されている。

ところで『仏遺教経《ぶつゆいきょうぎょう》』には、まず求めようとする意識（多欲・苦悩）をなくそうと思うならば、「知足」を観じることが大切であると説かれている。その真理は「富楽安穏《ふらくあんのん》」であるという。一方、「不知足」の者は天堂（安楽の世界）にいたとしても、心の中が安楽とは言えないのだという。自分が満たされていると実感できる者の心は穏やかであるが、それができない者の意識には問題が存在するのである。

『維摩《ゆいま》経』には「この身は泡の如く久しく立つを得られず、この身は炎の如く渇愛《かつあい》より生じる」

と人の欲は沸々《ふつふつ》と湧き起り、それを求める渇愛（執着心）が生じるという内容がある。この渇愛が、我々の食に対して「不知足」の心理を招く要因ではなかろうか。ここでは食意識を通して、「知足」とはどのようなことであるかについて考えてみたい。

先ず、食に対する欲があるから、人間は生きることができるのである。しかし食が満たされていても現状に満足せず、より良い食材を追求するような欲に執着すれば「不知足」の心理に陥ることになる。世界に目を向けると、貧困により満足な食事ができない人もいる。そのような人の心を汲み取り、食に対する意識を考えることが大切なのではなかろうか。

また、人間も動植物も尊い命であることに変わりなく、命の軽重は較べようがない。命の尊さを理解している人間には、動植物の命を戴くことによって生き（生かされ）ているというジレンマがある。禅者の食事では、食べる前にまず鬼界《きかい》に供え鳥獣などに飯粒を施す「生飯《さば》」がある。「生飯」とは自分だけが食事に満足するのではなく、自分と同じくこの世に生きている物に感謝し、食べ物の一部を還元することである。この「生飯」の精神を受けとめて、食と生命に対する問題に意識を向ける必要があるのではなかろうか。

人間には「如何に生きるべきか」という命題がある。だが、求めようとする欲の中にある苦悩との矛盾があり、これが生きていく上での弊害となっている。「知足」とは、この矛盾を解決して人間が歩むべき道すじを定めることなのである。

二〇〇四年にノーベル平和賞を受賞したワンガリ・マータイ氏は、世界で共通する言葉「MOTTAINAI」の語を広めた。この言葉のもとで、自然保護など環境活動の輪が広がっている。この活動の広がりは、欲を追求し歯止めが効かなくなった人類の将来を案じ、地球の資源は永久に存在しないのだと警鐘を鳴らしているかのようである。自然に敬意を払い、その恩恵を受け「生かされている」ことを観じる心が大切ある。無形文化遺産に日本人の食文化が登録された今、我々は「知足」の精神を見直す時なのである。

（伊藤秀真）

5

粥《しゅく》飯《はん》頭《とう》

最近また、禅寺での食事に注目が集まり、雑誌やテレビ番組、書籍等で関連するコンテンツを目にする機会が増えてきました。以前から、「精進料理」と呼ばれて、肉や魚を使わないヘルシーさが注目されていましたが、最近は、「禅寺ごはん」などと称して、禅寺の静かな雰囲気の中で食べる料理として注目されています。

禅寺での食事ですが、我々は食べる内容から、「粥飯」と呼びます。粥は朝食のお粥で、飯は昼食のご飯のことです。本来、仏教では午後に食事を採らないので、禅寺では粥飯で全ての食事を表現します（一応、現在では薬石《やくせき》という夕食相当の食事を採ります）。

それでは、「粥飯頭」とは何なのでしょうか。一見すると、食事当番のリーダー格を指しているようにも思えますが、実際には一寺院の住職を指す言葉なのです。

叢林《そうりん》、長老を呼びて粥飯頭と為す。

『円悟心要（上）』「民禅人に示す」

円悟克勤《えんごこくごん》は『碧巌録《へきがんろく》』の作者であり、その語録・著作からは、当時の禅林の様子を知ることが出来ますが、この時代に用いられた「粥飯頭」が、長老・住職を指すと理解できます。それでは何故、住職を粥飯頭と呼ぶのでしょうか。

粥飯、乃《すなわ》ち一衆の命脈の係る所なり、心を其《そ》の間に留めずんばあるべからず。

『幻住庵清規』「粥飯」項

食事は、修行僧達の命に関わるため、心に留めるべき重要なことです。食事に気を配ることは、修行僧達に気を配ることと同じであるため、住職を粥飯頭と呼ぶのです。

禅寺の食事を巡っては、様々な逸話が残されています。禅寺の食事は質素ですが、中国曹洞宗の芙蓉道楷《ふようどうかい》禅師は、一段と質素でした。一年間で寺に入る米を三六〇日で分けて、毎日同じ量だけを調理したのです。これは、道場に住む人の数の増減にかかわらず、その日の全体の量が同じであるため、道場の修行者が少なければ一人当たりの食事量が増え、逆に多くなれば食事量が減ります。こんなことをして、修行僧達は不満を爆発させないのだろうかと危惧しますが、その様子は伝わりません。現代では、これほど追い詰められる事態は珍しいですが、厳しい修行の中で楽しみが食事のみという場合があります。しかし、お粥とご飯だけでは、簡単には満足できません。修行と割り切っていても、毎日同じような食事では厳しいものがあります。

ところで、お粥に満足しすぎた僧侶もおりまして、禅宗にも深い関わりがあった栂尾《とがのお》の明恵《みょうえ》上人には、お粥に関わる逸話が残っています。ある日、食事担当の僧侶が、とても美味しくお粥を作りました。それを食べた明恵上人、何を思ったか、障子の桟《さん》にたまった埃を指ですくうと、パクッと食べてしまいました。驚いた周りの僧侶が理由を明恵上人に尋ねると、答えは、「あまりに美味しすぎるお粥に執着してはいけないと思ったから」というものでした。我々の命を繋ぐ食事ですが、それが執着の原因になってはいけないのです。

先に紹介した芙蓉道楷禅師の一事は、食事に執着しない道理を修行僧全員に示すものであり、食事を通して弟子達に仏道を実践させていたのです。この人こそ、真の粥飯頭だといえましょう。

（菅原研州）

6

学道先須学貧

（学道《がくどう》は先《ま》ず須《すべか》らく貧《ひん》を学《まな》ぶべし）

この禅語は、洞山良价《とうざんりょうかい》の法嗣《はっす》龍牙居遁《りゅうげこどん》（八三五〜九二三）の「龍牙和尚偈頌《げじゅ》」（『禅門諸祖偈頌』上に所収）に由来するものです。それを道元禅師が次のように述べたことが、懐弉《えじょう》（一一九八〜一二八〇）編『正法眼蔵随聞記《ずいもんき》』（長円寺本）巻五に示されています。

楊岐方会《ようぎほうえ》（九九二〜一〇四九）は、住職地である伽藍が荒れ果てている状態を見て「堂閣が破れていても露地や樹下より勝っている。（中略）ただ坐禅の仕方に多少の違いがあるだけだ。こちらが破れていたら、あちらの雨が漏れていないところに行き坐禅しなさい。云々」（現代語訳）と述べ、翌日、門人への説示において堂内の現状を認識させた後に、龍牙の語「学道は先ず須らく貧を学ぶべし、貧を学して後、道方に親しし」（同上）を引いています。その意味は「道を学ぶには先ず貧を学ぶことが大切である。その貧を学んだ後に、仏道ははじめてぴったりと身につき活かされるのである」ということであると道元禅師は示しています。その後に道元禅師は、「昔、釈尊より現在に至るまで、真実学道の人は、一人も財宝に豊かであったと聞いたことがないし見たこともない」（主意）と述べ、巻六にも「財はよく身を害する。昔も今も害がある」といくつかの例を示しています。

同じく『正法眼蔵随聞記』四巻には、

「学道の人はもっとも貧であるべき」とした後に「世間の人を見ると、財産のある人は、まず瞋恚《しんい》（いかり）と恥辱（はじ）の二難が、きまって起こる。財があるとそれを奪い取られると思い込み、自分は取られないように思う時に、瞋恚の心がたちまち生じ、時に争いごとになり、その間に恥辱も自ずと生じるが、貪らないとこれらの難をまぬがれる」（主意）という。

またある時に修行者が「学道の用心」に関する質問を発したのに対し「学道の人は、まず貧であるべきであり、財が多ければ必ず、その志を失ってしまう。在家の人や学道の者も、なお財宝にとらわれ、居所にとらわれ、親類縁者やその関係者と交わると、たといその志があると言っても、学道のさまたげとなる縁が多い。」

と注意しています。

さらに巻一には、もっと身近な注意として「学道の人は、衣食を貪ってはならない」、「衣食に心を労してはならない」、「衣糧（粮）を煩わしてはならない」と繰り返し述べながら、一方で施主（信者）の供養があり、常住物（寺院の常備物）があり、乞食《こつじき》（托鉢）や信心施などの清浄施があり、また施物は諸天の供物と受けるべき（巻三）と述べています。学道者として肝要な点は、むしろ自分自身が悟道に達していないことを憂い、一向に（ひたすら）学道すべきことを促しています。

巻三には、「清貧に徹し苦労を克服し、時に乞食し、あるいは茶菓などを食べ、つねに飢饉の状態で学道していれば、それを聞いて、もし一人でもやって来て学ぼうと思う人がいれば、それこそ真実の道心者である」と述べています。現代、このような真摯な志を抱く修行者はまれでしょうが、昔の学道者には多数いたことも忘れてはなりません。また巻四の「貧なるが道に親しき」（貧をものともせず精進すること）は、真実の教示として肝に銘じておきたいところです。なお仏道を体得した人を尊敬し「貧道」と称したり、自己を多少卑下して「貧道」という別の用法もあります。

（吉田道興）

7 行《こう》雲《うん》流《りゅう》水《すい》

これは道元禅師の著作『普勧坐禅儀《ふかんざぜんぎ》』に見られる言葉であるが、古くは宋の蘇東坡《そとうば》が文章を作るときの心構えを説いたものである。「文を作ること行雲流水の如く、初めより定質無し。但常にまさに行くべき所に行き、止まらざるべからざる所に止まる」とあり、文章を作るときは初めから決まった形式がある訳でなく、形式にとらわれずに自由に書くというのである。

雲が行き、水の流れのごとく生きることから、禅の修行僧を雲水と呼ぶ。これは行雲流水の略語で、この言葉は雲水そのものを表す。雲水は俗世間を離れて生活する。居場所を決めず一箇所に留まることはないが、放浪することではない。雲や水は絶えず流れ、流れが留まることはない。留まることは執着することになる。執着はあらゆる苦しみや悩みを生み出す原因で、その執着を捨て去り、何にもとらわれない自由な境地を目指すことが悟りへの道である。

行雲流水は諸行無常《しょぎょうむじょう》を表している。それは雲や水の変化からわかる。雲の表情は一瞬で変わり、生じては消えを繰り返す。流れる水も同じで、常に変化している。その姿はいつも穏やかとは限らない。時には暴風雨によって雲は雨雲となり、川の水は濁ることもある。

その変化は、人間の心も同じである。平穏な暮らしを送っていると思えても、人生山あり谷ありで、一生平穏には過ごせないものである。どんなに大きな苦難があろうとも雲のように無心となり、水のように時の流れに身を任せて生きることが大切であると説くのである。

（川口高裕）

8 平常心是道《へいじょうしんぜどう》

「禅」という言葉はサンスクリット語のディヤーナの音訳に起源するもので、心を静めてよく考えるとか、心の定まったことを意味する。禅僧が坐禅修行に厳しい時をすごすのも、心の定まりが一層純粋であることを求めるのであって、特別なさとりの境地を求めるものではない。この心を定めるということも、心が一定の形をとってカチカチになることではない。生き生きとした自由な心で、平静な判断と実行ができることである。

そこのところを中国唐代の禅匠南泉普願《なんせんふがん》は「平常心是道」といった。これは南泉の弟子である趙州従諗《じょうしゅうじゅうしん》の「道とはどのようなものですか」という問いに対して発せられた言葉で『無門関《むもんかん》』第一九則にある。坐禅のめざすところ、禅の心が特別な境地を求めるものでないことをよくあらわしている。しかし、一方「平常の心が道である」といわれると、普段ののんびりした気持が仏道であるかのような誤解も起こしやすい。ここにいう「道」とは菩提の訳語で、さとりということである。このさとりが特別な境地ではなく、日常の生活をまじめに、実直に、判断を誤らずに生きていくことだというのである。

一九九八年二月、長野で開かれた冬季オリンピックで日本選手の活躍に一喜一憂した人は多い。多くの観衆の熱狂と興奮の中で、自分の持つ力を十分発揮することがいかにむずかしいことか。インタビューの答えに「平常心で試合に臨みたい」といっていた選手もいた。しかし、その平常心がむずかしいのである。「火事場のバカ力が出れば勝てるかもしれない」という力が平常心でないことはいうまでもない。

ジャンプの原田雅彦選手の活躍は私たちの心に感動を与えた。原田選手は前回のオリンピックで不本意な記録のため優勝を逸している。周囲からは責任問題などととやかくいわれ、大きなプレッシャーとなっていた。一本目はそのプレッシャーのためかうまく飛べない。しかし、二本目には見事、最長距離を記録し、金メダルを獲得した。感激の涙をながしながら心境を聞かれ「今までやってきた自分のジャンプをする以外にない」と語っていたが、平常心とはこういうものである。

總持寺を開かれた瑩山禅師《けいざんぜんじ》は師である大乗寺の徹通義介《てっつうぎかい》から南泉普願のいわれた「平常心是道」の意義を問われた。禅師は「茶に逢うては茶を喫し、飯に逢うては飯を喫す」と答えた。すなわちお茶をいただく時は雑念を交えず喫茶三昧に徹し、食事のときは食事三昧になりきることというのである。あれをしながらこれも行う。これをしながらあれも行うというような〃ながら〃ではいけない。その時その時を一生懸命に生きることである。したがって平常心というのは、何もしないで出てくるものではない。私たち普通の生活をしている普通の人間も常日頃の生活をまじめに、実直に努力していくところに生まれてくるものである。

身体には病気やけががついて回る。心では喜びもあるが、悲しみ、悩み、嘆き、苦しみがついて回る。これが人間生活である。それらに出会って、それらとかかわりあいながら、平静な判断を失わずに生きていくのが「平常心是道」という禅のこころなのである。

（川口高風）

9

八風吹不動

（八風吹《はっぷうふ》けども動《どう》ぜず）

今日は、前向きに爽やかに生きていくぞと決心して、朝出かけたとする。しかし、誰かにちょっと非難されると落ち込んだり腹を立てたり、また誉められるといい気になったりして自慢話が始まったりと、心は刺激をうけてはウロウロと動き回ってしまう。世間にはいろいろな風が吹いている。その中でいかに生きていくか。

「八風吹不動」とは、世の中には八つの風があるとして、それが人の心を動揺させると説明している。たとえば『従容録《しょうようろく》』一九則に「須弥山《しゅみせん》の如く八風吹けども動ぜず」などと出てくるが、具体的に八つの風とは何であろうか。ふつうは、次の八をあげている。

①利《り》（利益を得ること）／②衰《すい》（利益が衰退すること）／③毀《き》（陰でそしること）／④誉《よ》（陰でほめること）／⑤称《しょう》（面前でほめること）／⑥譏《き》（面前でそしること）／⑦苦《く》（意思に逆らい思い通りにならないこ

と）／⑧楽《らく》（意志に添い思い通りになること）

である。

ここで注目したいのは、吹いてくる風は批判や攻撃だけではなく、自分にとって喜ばしい出来事としての風も含まれている点である。利益を得たり、陰で誉められたり、面前で誉められたり、思い通りにことが進んだり、これらはもちろん歓迎すべき事である。しかし、意外とこちらの方が危険なのかも知れない。調子に乗ってしまい、自分を失って風にながされがちになる。原始仏教の経典では、釈尊は端的に次のように述べている「一つの岩の塊が風に揺るがないように、賢者は非難と賞賛とに動じない」（『ダンマパダ』八一）と。さらに詳しい例をあげると「実に、利益にも、損失にも、名声にも、名誉にも、非難にも、称賛にも、苦しみにも、楽しみにも、かれらは、どのようなことにも汚されない」（『テーラガーター』六六四〜六六五）ともいう。「八風吹不動」の教えも、恐らくこうした教えが源泉になっているのであろう。

八つの風は、古くは『増一阿含経《ぞういちあごんぎょう》』（大正蔵第二巻七六四）にも「八法」としてあげられているが、心が制御されていて、たとえ八つの風が吹いても動じないほどの「安定した自己」が理想だと教えるのである。腹が立つことは多いかもしれない。利益をなくしたり、人に誹謗されたり、思い通りにならないことが続くかもしれない、また、利益があって、褒められ、すべて順調にいくかも知れないが、調子に乗って思い上がったりしない。生きているかぎり、世間で風の吹かないところはない。大事なのは、世間の風を煩悩にしてしまわないことだろう。風は吹いてくる、しかしそれを、煩わし悩ませるはたらきとして発動させない、強くそして柔軟な自分をもちたいものである。

「怒らないこと」を教える書籍が多く出版され、よく売れているらしい。それだけ悩んでいる人が多いということだろうか。現代は、腹の立つことが多いのかもしれない。俵万智さんの歌に「天気予報聞き逃したる一日は雨でも晴れでも腹が立たない」（『サラダ記念日』）というのがあった。仏教・禅の教えからいうと、もちろん腹を立てたくないから天気予報は聞かない、というのではない。やはり便利な予報なのだから、必要ならば聞いて相応の準備はする、でも外れることがあることは承知しておく。はずれても動じない、となるだろう。

（服部育郎）

第三章

相《そう》対《たい》を離れる

――無《む》分《ふん》別《べつ》

1

梅《うめ》、早《そう》春《しゅん》を開《ひら》く

春日佳気《しゅんじつかき》漂う好季節、朝夕はなお余寒の名残りをとどめていますが、日差しはすでに春を告げています。野山の枯木の先に芽吹く若葉や足もとの草花は、それぞれ存分に春を演じて余すところがありません。

如浄《にょじょう》禅師（道元の師）の示衆（師僧が弟子に対して行う説法）の中に、「梅開早春」という句がでてきます。この句は二通りの読み方ができます。一つは、「梅、早春に開く」と読みます。春の到来とともに、老梅樹の枝端に着く梅の蕾の凛とした早春の風情は格別です。いま一つの読み方は、「梅、早春を開く」です。これに従えば、春の到来を挨《ま》って梅が開花するというのではなく、一輪の花、一片の草、そして百花千草のことごとくが、それぞれにかけがえのない逸品の価値をあらわして、春の明珠《みょうじゅ》世界を織りなしていると解することができます。そして、この明珠世界の荘厳《しょうごん》（かざり）にわたしたちが関わっていることを含意します。

季節の経過ということからみれば、確かに〝冬来たりなば春遠からじ〟の俚諺《りげん》のとおり、春という季節が到来して梅の開花があるわけですが、これでは梅花と春の到来との二つの事態に隔《へだ》たりを感じます。〝春夏秋冬〟はわたしたち人間の側の分別の所産です。一輪の梅、一張の支葉をほかにして春はどこにも存在いたしません。梅花、そして百花千草の上に春が現じているのが真相と思われます。「梅、早春を開く」の一句の中に、春の本領が存分にあらわれているというべきでしょう。

（中祖一誠）

2

両《りょう》忘《ぼう》

「両忘」ということばがあります。二つのことを忘れることを意味します。是と非、善と悪、美と醜、愛と憎など両者の対立を忘れ去ることをいいます。しかし、現実にはわたしたちは、これらの両者の対立、区別を離れることができかねるのが実状です。

現実の生活では、わたしたちはその都度、二つのことのいずれかを選び取って生きています。〝あれかこれか〟と自問自答して、二者択一に傾斜しつつ生きています。生きるということは、ある意味で行為的世界に身を置くことですから、やむをえないことだともいえます。また、このことがさして支障をきたさない場合も、日常では多くあることも事実です。

しかし、人生の局面には、時としてのっぴきならない非日常的な事態に直面することもあります。是とすべきか非とすべきか、進むべきか退くべきか、などの文字通り進退窮まる事態は、時としてわたしたちの生存の根幹をも揺るがしかねない状況を惹き起こすこともあります。

中国宋代の儒者、程明道《ていめいどう》のことばに、「内外両忘するに惹かず。両忘すれば則ち澄然無事なり」とあります。両者の相対的対立を断ち切ったところに、おのずから明鏡止水のすがすがしい絶対の境地が展開してくることを教えています。

しかし、この実現には肝心な一事が求められます。それは〝自己を忘れる〟という決意です。道元禅師の説く学道の用心の基調は、「無常を観ずる」ことであり、「吾我《ごが》を離れる」ことにあったことを、この際想起すべきでありましょう。

（中祖一誠）

3 心《しん》不《ふ》可《か》得《とく》

菩提樹のもとで悟りを開いた釈尊の教えは、時代の推移とともに、さまざまな教学を生みだしましたが、とくに釈尊の体験を基調とする禅宗は、中国の唐代に完成されました。その開祖となる菩提達磨《ぼだいだるま》の伝記には伝説的な要素が含まれ、確かなことはわかりませんが、南インドに生まれ、六世紀初頭、中国に渡来して禅の教えを鼓吹したといわれます。ここでは、八世紀の禅の史書（『歴代法宝記』）に述べられている、達磨と弟子の慧可《えか》との対話をとりあげてみようと思います。

達磨に対した慧可は、「わたしの心が不安でなりません。どうか安心《あんじん》を与えてください」と懇願します。師は、「その心をもってこい」と告げます。弟子は、「心を覓《もと》むるについに不可得なり」と答えます。すかさず師は、「汝のために、すでに安心を与えおわった」といいきります。心は常に動いて止むことがありません。その心を取りだして差しだすことはできません。不安だ、やりきれないなどといっているのは心の迷いであり、妄想であるというのです。さまざまな想いはもとからあるわけではない、わたしたちが勝手に作りあげて、それに執われているにすぎないということを達磨は教えているのだと思います。心は本来とくべつな相をもっていないのです。この「心不可得」のテーマは、たんに禅の課題であるだけでなく同時に人間一般の普遍的な課題でもあります。

時代はずっと降りますが、唐代の徳山宣鑑《とくさんせんかん》と一老婆との問答もよく知られています。現在でも禅宗の寺院で盛んに読まれております経典の一つに、『金剛般若経《こんごうはんにゃきょう》』（金剛経）があります。これは、大乗仏教の空の思想を躍動的に展開している有名なものです。そのなかに、「過去心不可得、現在心不可得、未来心不可得」ということばが出てまいります。日ごろ経典の読誦・解釈に没頭していた徳山が、当時南方で禅の教えがはやっていることを聞いて、経典を軽蔑して勝手ほうだいな法螺《ほら》を吹いている禅の教えを折伏《しゃくぶく》しようと思って、両肩に金剛経を背負って南方に下っていきました。途中、澧州《れいしゅう》というところの茶店で点心《てんじん》を摂ります。これは軽い食事のことですが、おなかが空いていたので飢えを充たすつもりでこの茶店に立ち寄ったわけです。そこのお婆さんは禅の素養があったとみえて、この雲水に、さきに言いました金剛経のことばの「過去心不可得、現在心不可得、未来心不可得」を突きつけて、どの心でもって点ずるのかと問い詰めます。つまり、どの心で食事をするのか（点心）と詰め寄ったのです。徳山はついに一言も答えることができず、この老婆の前にかぶとを脱いで、禅の教えに参じ、後に唐代の禅僧として大成したといわれます。
この話もなかなかにできすぎており、皆様もお疑いになることでしょう。しかし、禅の立場と申しますか、仏教の側からいいますと、これが史実であるかどうかということは必ずしも重要ではありません。むしろ、このようなかたちで心のあり方が真剣に修行の課題とされていたという事実の方が意味をもっています。さきに申しました禅の指南書の中にこれに類した話が無数にでてまいります。心がことばや理屈ではとらえられないという認識は、このように仏教ないし禅の中で、早くできあがっていたのです。

(中祖一誠)

4

指《し》月《げつ》

「人の指を以って月を指し、以って惑者《わくしゃ》に示すに、惑者は指を視て、月を視ず。」指月の譬《たと》えとして龍樹《りゅうじゅ》の著『大智度論《だいちどろん》』の中に見られる言葉である。月の出ている方向を指で示した時、凡夫はその指ばかりを見て月を見ようとしないという意味となる。これは後の仏教の様々な宗派の僧によって用いられているが、教外別伝《きょうげべつでん》・不立文字《ふりゅうもんじ》を重視する禅宗で特に重用される。

禅宗の視点から鑑《かんが》みると、月は悟りを表し、指は教え・経典の比喩となる。悟りはどこにあるのかを知るため、教義や言葉による導きは必要である。しかし、それのみに拘泥《こうでい》してしまうと、月の方向を見ずに指を見つめるようなもので開悟することはかなわない。初学者へ向けた師僧からの言葉や経典の内容理解は修行において大いに助けとなる。だが、最後は言葉を離れた修行の中で悟りを体得する姿勢が禅宗では理想とされるのである。また、禅門では分別《ふんべつ》智による二見を捨てる事を常に要求される。二見とは物事を二元的に判別することであり、具体的には善・悪、浄・汚、聖・俗に代表される概念である。指月の譬えになぞらえるならば、凡夫にとって月と指の間は分断され、遠く離れた二つの事物のように感じられる。そしてここではないどこかに悟りの世界が存在するとうけとめがちである。しかし、これは分別智による認識であり、月と指の間の無限ともいえる距離を虚空《こくう》ととるか、そこに縁起による諸物とのつながりを見ることができるかで世界の見え方は一変するのである。世界を一瞬でつなぎとめることこそ無分別智といえよう。

（大橋崇弘）

5 百丈野狐《ひゃくじょうやこ》

百丈懐海《えかい》が説法する時、僧たちと一緒に聴いて帰っていく一人の老人がいた。ある日、老人が帰ろうとしないため、百丈は不審に思いその理由を尋ねると、「私は迦葉仏《かしょうぶつ》の時代にこの山で住持《じゅうじ》をしていました。ある修行僧が、悟った人でも因果に落ちるのでしょうかと問うので、私は因果に落ちない（不落《ふらく》因果）と答えました。すると、狐に五〇〇回も生まれ変わることになってしまいました」と言った。そこで百丈は「因果に昧《くら》まないことです（不昧《ふまい》因果）」というと、老人は狐身を脱することができた、という。

「因果に落ちず」とは因果の道理に従っていない状態である。悟道を理由として、因果という真実を否定したことで、老人は狐に生まれ変わり続けるという連関に閉じ込められてしまった。悟道をもって人は不老不死になるのではない。仏法の真髄を見極めた者は因果の法則に迷うことがないのである。故に、因果に昧まされることはない、と百丈は言う。不昧因果とはありのままに生きることである。この言葉を百丈から聞くことによって老人は因果を真実と会得し、因果の世界に戻ることができたのである。

不落因果という因果否定の一言が、狐身五〇〇生という大きな災いを引き起こした。不落とは真実を否定する立場であり、「落ちる」「落ちない」という分別を惹起《じゃっき》する。その見解では、因果に落ちない故に、老人は狐身から抜け出られなかった。因果という蔦《つた》に絡めとられてしまったのである。「因果に昧まない」とは因果をあるがままに見て、あらゆるこだわりを離れることである。この真実を会得した悟道の人は、因果にこだわりがないから「因果に昧まない」と強いて言うこともない。

（佐藤悦成）

6 狗子《くし》仏性《ぶっしょう》有無《うむ》

二人の僧が、趙州従諗《じょうしゅうじゅうしん》に「狗子還有仏性也無」と、同じ質問をした。僧の問いに、趙州は、それぞれ真逆の答えを返している。二人の僧は、「有」と「無」にとらわれていて、そこから抜け出すことができない。

趙州の返答は、ことさら知的に解明できないよう僧たちを導いている。そこに僧が気づけば、有無の教えの真意を会得する糸口となる。理解としての有の意見には、理解としての無が対抗し、決着のつかない誤謬《ごびゅう》に陥ることとなる。趙州本人が「有」と「無」という矛盾した両見解を説くことで、有無を分別する誤りを明らかに示している。説示を聞く学人が、ある時は有、ある時は無と説くのは矛盾ではないか、と考えたならば、趙州の思う壺にはまったことになる。それこそが趙州の狙いであったといえよう。目前の事実こそが真実であると識《し》ることができれば、犬に仏性があるなしを思慮することなど、元より必要のないことと解《わか》るはずである。有見・無見の両所を断ずることで、知解の領域に留まる誤りを端的に指摘したのである。

趙州は、分別を離れたところで説法をしており、誰にも平等におしみなく真実を伝えている。有と無はいかにもいい加減なその場限りの返答にみえるが、趙州は言葉に捉われて分別に心を滞らせてはならないことを諭している。僧たちは「犬に仏性が既に具《そな》わっているのなら、どうしてあのような姿でいるのか」といい、「すべての衆生に仏性があると仏法は説くのに、犬にはどうして無いのでしょうか」と主張して知的な理解から離れられない。自己の見解に執着するなら、師のことばとの対立が続いて、真実を会得できない。学人達の論議は趙州の意図に気づかず、有無に縛られている姿そのものである。

（佐藤悦成）

7 銀盌盛雪
（銀盌《ぎんわん》に雪《ゆき》を盛《も》る）

かつて私が修行をさせていただいた福井県の宝慶寺《ほうきょうじ》の南方には、「銀杏峯」という山が聳えている。山の形状が「銀杏」の葉に見えることが山名の由来なのであろうか。時代を遡《さかのぼ》ってみれば「宜南」、「銀鞍」、「銀椀」などの字が使われていたようである。江戸時代に面山瑞方《めんざんずいほう》は、寺の景勝地としてこの山を「銀盌峯」と称している。「椀」と「盌」の字は、共に「器」の意味があり「わん」という読み方である。この山名には、時代によって異なった字が充てられているが同じような音で変化している、という特徴がある。

九世紀の中国（五代の頃）、巴陵顥鑑《はりょうこうかん》が雲門文偃《うんもんぶんえん》の法を嗣《つ》いだ時に、三転語（悟りを証するための三つの語句）を呈した。その中の一つに「如何なるか是れ提婆宗《だいばしゅう》、銀椀裏に雪を盛る」がある。提婆宗（西天十五祖迦那提婆《かなだいば》尊者〈西天はインド〉のこと）の仏法（禅風）とはどのようなものかという質問に対し、巴陵は銀の椀に真っ白な雪が盛られているようなものと答えた、という内容である。曹洞宗の宗祖洞山良价《とうざんりょうかい》の『洞山語録』（宝鏡三昧歌《ほうきょうざんまいか》）にも、「銀盌に雪を盛り、明月に鷺を蔵《かく》す」と巴陵の三転語と同じ意の言葉がある。面山が「銀盌峯」と称したのは、洞山のこの歌に基づいた表現であると考えられる。

さて〝銀椀と雪〟は個々の存在であるが白一色にして一体である。これは、分別がないものの見方で顕《あらわ》れた世界、つまり悟りの境地を表している。「宝鏡三昧歌」の〝明月と鷺〟についても、明るい月の光によって白い鷺が蔵れてしまい見分けがつかない状況のことであり、前句の〝銀盌と雪〟と表現は同じである。また、白一色にして一体であるこの二物は本来、個々の存在である。これは、分別がはたらいたものの見方で顕れた世界、つまり迷いの境地を表している。

何も染まることのない白一色で表される世界は清浄であり、けがれや煩悩の入る余地がないことを暗示している。これは、修行に徹していれば何も礙《さまた》げられることはなく迷うこともない、という意である。しかし我見に陥り、本来の求めるべきところと修行は別のことと捉えるのであれば、相対する心（二見）を離れる必要がある。

このように〝銀椀と雪〟は、同じように見える二物が異であり、異なったように見える二物が同である「平等即差別・差別即平等」を表しているのである。巴陵が三転語の中の一つで「銀椀裏に雪を盛る」の句を用いたことは、提婆宗と巴陵は区別がつかないほど同じような宗旨であるが、異なっていることを示したかったからである。

辺り一面が山林に囲まれた空間での生活は、気温や葉色の移ろいで四季のちょっとした変化を感じ取ることができるから感慨深い。例年、十一月になると「銀杏峯」は雪化粧をはじめ、山頂が白くなる。雪が山の裾野を覆《おお》いつくす時節になると、目の前には銀椀に雪を盛ったような景色が広がる。同じ雪山の景色であっても、迷悟の境地によって受けとめる世界は異なる。これは雪山が功夫辨道《くふうべんどう》してよくよく点検せよ、と求道者に仏法の真理を諭しているかのようである。

（伊藤秀真）

8 庭《てい》前《ぜんの》柏《はく》樹《じゅ》子《し》

これは『無門関《むもんかん》』という中国の宋代に無門慧開《えかい》が編集した公案集にある話である。四十八則中の第三十七則で、唐末の禅僧趙州従諗《じょうしゅうじゅうしん》の言葉である。趙州は第一則にも「狗子仏性《くしぶっしょう》」の公案を取り上げ、自由自在の言葉によって弟子達を大悟へと導き、百二十歳の長寿を全うしたと伝えられている。

ある修行僧が趙州に問う。「如何なるか是れ祖師西来意《そしせいらいい》」。それに対して「庭前柏樹子」と趙州が答えた。「祖師」とは禅宗初祖の菩提達磨のことである。「西来意」は、「達磨が西方のインドから東方の中国に来られた真意は何か」ということである。もちろん禅を伝えるために来たわけだから、ここでは「禅の真髄とは何か」と問いを投げかけたのである。

趙州の答えた「庭前柏樹子」は、「子」が助字で、特別な意味はない。「柏樹」は以不木《いぶき》の別称の柏槇《びゃくしん》のことで、日本の柏の樹のことではない。柏槇は今でも中国の至る所に見られる常緑樹で、趙州の住んでいた観音院は別名が柏林寺と呼ばれるように、柏槇が多く茂っていたと思われる。そのため境内にあった柏樹と答えたに過ぎない。もしも別の樹木が間近にあったならば、その樹の名を答えていたことであろう。この「柏樹子」という答えには意味がなく、樹でなくても何でもよかったのである。

この問答に続きがあり、さらに修行僧は尋ねた。「和尚、境《きょう》を将《もっ》て人に示すこと莫《な》かれ」と。境とは心の外ということで、「禅の真髄を知りたいのに心の外の物で答えないでほしい」と言ったのである。それに対し、趙州は「我れ境を将て人に示さず」と答えた。つまり、「私は心の外の物で答えてはいない」という。そこで、再び僧が「如何なるか是れ祖師西来意」と問うたところ、趙州も変わらず「庭前柏樹子」と答えたのである。

禅では、物事を相対的にとらえることを否定する。この問答は、修行僧が心と境を分けて考えているため、それを趙州は悟らせようとしたのである。一般的に人間は大小、新旧、善悪など物事を対象的に判断することが多く、特に、自他（自分と他人）を分けて考える。

今、世界中で格差が広がっている。二〇一六年には最富裕層の一％だけで世界の富の半分以上を占めるといわれるほどである。この格差は、低成長の時代に突入した日本でも同じである。富が富をもたらすため、貧富の格差がますます大きくなるのである。

フランスの経済学者トマ・ピケティは『二一世紀の資本論』で、この格差は今後の努力だけでは変えられなくなるという。親の格差は、やがて子の格差へと繋がる。高度な教育を受けるには経済力が必要であり、教育の格差はやがて学歴に、そして所得の格差になるといわれる。ピケティは、富の再分配のために「富に対する国際課税」の導入が必要と説く。これには当然富裕層の反対が予想される。しかし、自分と他人を分けて考えなければ可能ではなかろうか。

趙州の「庭前柏樹子」には、他人であっても自分のように大切に接していきなさいと相手を思いやる慈悲の心が表れている。「一億総中流」といわれる時代はあったが、精神的にはとても豊かな時代であった。相対を超えた社会の実現こそ、趙州の説く禅の真髄ではなかろうか。

（川口高裕）

9

莫《まく》妄《もう》想《ぞう》

「莫」は「……することなかれ」と禁止を表し、「妄想」とは「虚妄《こもう》の想念」、つまり、真理に背いた誤った思いや考えを意味する。あわせて「妄想することなかれ」となる。私たちは、なかなか物事をありのままに見ることができない。煩悩ゆえに、自分の都合で脚色し、見たいように見てしまう傾向がある。そして、「見たいように見ている」ことすら気づかず、それが真実だとおもっている。普段の生活でも、心にあれこれと描き出し、恐れたり、悩んだり、喜んだり、不平を言ったり、いい気になったりしている。つぎつぎと邪念が生まれては、心が滞ってしまい先に進めなくなってはいないだろうか。

陥りやすい落とし穴は、修行者は悟りを求めて修行するのであるが、「さとり」というものがあると見るなら、「さとり」と「迷い」は二つに分けられ、それぞれを区別して固着していることになる。しかし「さとり」に実体はないし、「迷い」にも実体はない。妄想である。それは真実の姿ではないのだから、必ずズレが生じるし、大切な気づきは生まれない。わだかまり、とらわれ、くよくよしてしまう原因である「考え」が心を縛っているときにこそ、「莫妄想」と自己に呼びかけ、からまっている雑念からすぐにでも自らを解放させたいものだ。

ちなみに、この言葉は、唐の時代、馬祖《ばそ》禅師の法を継いだ無業《むごう》禅師（七六〇～八二一）が好んで用いたものだとされる。「無業は一生凡《およ》そ所問有れば、只だ道《い》う、妄想する莫かれと」（『碧巌録《へきがんろく》』十九本則評唱、また『景徳傳燈録《けいとくでんとうろく》』八、など参照）とある。そして、この教えは師匠が弟子を導く際、しばしば用いられてきた迫力ある言葉である。大事なことは、妄想を離れたそのときに、その人は仏としてあるという点である。『金剛般若経』では「離一切諸相、即名諸仏」と述べている。ここでの「相」は「妄想」のことである。

では、妄想しないためにはどうすればよいのだろうか。これが難しい。私たちは、妄想している自分から出発しなくてはならないからだ。妄想する自分が、その妄想を克服しなければならない。なお、「妄想を克服したぞ」という考えをもったら、これもまた「妄想」である、だから難しい。他に「妄想していない」自分がいるわけではない。では、どうすればよいのか。克服するための特別な方法があるわけではない。いまここで、妄想している自分に気づかなくてはならない。そして「莫」なのである。過去にくよくよしない、未来にビクビクしない、働きかけることができるのは「今」だけなのだから。こだわり始めたらやはり「莫」なのである。
釈尊は教えた。「怒りによって怒りの止むことは無い、怒らないことによって止むのである、これは永遠の真理である」と、また「怒らないことによって怒りにうち勝て」と。妄想が起こった時には、それ以上に妄想を発展させてはいけない、発展させる燃料を心に与えてはいけない、追いかけて、闘ってはならない、支配されてもならない。人ごとではなく自分の心である。火によって火を消すことは出来ない。「莫妄想」という言葉を覚えておくとよいだろう。妄想が生じたときには「莫妄想」といって、正しい心を持つのである。その時、その心は仏の心として働いているはずである。

（服部育郎）

第四章

言葉を超える

——不《ふ》立《りゅう》文《もん》字《じ》

1 不立文字《ふりゅうもんじ》

禅宗が興《おこ》った中国唐代は、そのほかの仏教諸宗派が成立してきた時代でもあった。それらの各宗派の多くは、それまでに将来された膨大な種類・量の経典をそれぞれの価値基準に従って配列し、価値の高い経典を選び取ることによって成立した。それゆえに、経典によって仏法を学んでいこうという姿勢が強かった。一方、禅宗は、坐禅を中心とする修行を重んじ、修行の中から仏法を体得していこうとした。不立文字という言葉にはそのような禅宗の立場が表れているのである。

したがって、ここでいう〝文字〟というのは、単なる文字を指すのではなく、経典などに記された文字や言葉で表現された教えを指すのである。そのため、禅宗では経典を用いなかったわけではない。語録や燈史《とうし》などによって、当時の祖師の言行が伝えられていることからも、むしろ、指導の手段として文字を多用したことは明らかである。

これらの語録や燈史の内容は、ほとんど問答体の記述である。いわゆる〝禅問答〟である。禅問答という言葉は、ちぐはぐで分かりにくい問答の譬《たと》えとしてよく使われる。確かに一見すると問いと答えが一致していないように感じられる。しかしそうではなく、そこには奥深い意味が表現されているのである。私は学生時代に、先輩にこう言われたことがある。「語録を読むときは、文字には表れていない行間を読みなさい」と。そもそも、仏法とかさとりとかいうものは、文字や言葉では表現し尽くすことのできない体験の境地を含むものであり、先輩の言葉は、そのような体験の境地を読み取れということだったのだろう。このことは、不立文字の意味合いを表しているのではないだろうか。

このように不立文字とは、仏法は文字や言葉に関わるものではない、ということを示したものである。このことは、禅の世界以外でも当てはまるものがある。スポーツ選手の世界、職人の世界、芸術の世界、自動車やオートバイなどの運転を学ぶときなどがそれである。スポーツを例に挙げてみると、それぞれの種目にはその仕方やルールを記した教則本の類がある。それを読んだからといって、すぐに的確にプレーできるようになるわけではない。ただちに身と心を傾けて研鑽を重ね、様々な技術を体得していくことが必要となる。そこにはもはや文字や言葉は必要となくなるのである。

また、不立文字は、文字や言葉にとらわれてはならない、ということを示したものでもある。しかし、文字や言葉なしに社会生活が成り立つだろうか。文字は人類最大の発明ともいわれ、それにより、過去から現在に至る様々な歴史や情報を知ったり伝えたりでき、われわれの考えや思いを表現することもできる。また、コミュニケーションを図るのにも、文字や言葉を用いないで行うことは、ほとんど不可能と言える。ところが、われわれは互いに意思疎通を図るとき、実は相手の表情や仕草、間合い、声のトーンなどの言語以外の要素も判断しながら、相手の意思を捉えようとしているのである。そのため、文字や言葉だけで、意思を伝えるというのは、誤解も生じやすいのである。内容が複雑で微妙なものであればなおさらである。このことからも、不立文字の重要さがわかるだろう。

（河合泰弘）

2

廓《かく》然《ねん》無《む》聖《しょう》

ワインの味を言葉で表現するのは難しい。しかし、その困難にあえて挑戦するのが、ソムリエと呼ばれる人達だ。彼らは様々な表現を用いて、味覚を言葉で表そうと試みる。けれども、いかに優れた表現力をもってしても、ワインの味そのものを言葉で伝えることはできない。言葉は決して万能の力を備えているわけではないのだ。

それにもかかわらず、近代ヨーロッパの人々は、言葉で世界のすべてを解明できると考えた。のみならず、彼らは神の存在をも言葉で証明しようと試みた。そのために膨大な文献が生まれ、言葉で表現できないものは真実ではないという考え方も現れた。いわゆる近代合理主義の成立である。味覚を言葉で表そうとするソムリエの存在は、こうしたヨーロッパ的な発想にもとづくものだと言えるだろう。

これと同じように、あらゆる事柄を言葉で表現しようとしたのが古代のインド人である。紀元前五世紀頃に成立したウパニシャッドの中で、彼らは究極の存在とされるブラフマンを、「大きくもなく、小さくもなく」というように、対概念をともに否定する表現で説明し、それが人智を超えた存在であることを説明した。いわば、言葉で表現し得ないものを、あえて言葉で表現しようとしたのである。それ故、彼らは大乗仏教においても、言葉の不完全性を、あえて言葉で説明しようと試みたのだ。

けれども、そのようなやり方は、中国や日本の仏教、とりわけ禅の世界では放棄された。言葉で表現し得ないものは、あえて言葉で表現しない。これが、禅における「不立文字《ふりゅうもんじ》」、つまり言葉に頼らないという立場であり、それを象徴する禅語として最も有名なものの一つが、標題に掲げた「廓然無聖」である。

禅の開祖とされる菩提達磨が、梁《りょう》の武帝と対面した時のことである。「即位以来、仏教を保護してきた自分にどのような功徳があるか」と問う武帝に対して、達磨は「無功徳」と答えた。言葉で説明できる見返りと、それを求める行為の無意味さを説く達磨の意図は、武帝には伝わらない。そこで、武帝が「仏教にとって一番大切なもの（聖諦第一義《しょうたいだいいちぎ》）は何か」と尋ねた。それに対する達磨の答えが「廓然無聖」、すなわち、何もないというものであった。無論、仏教の教えに大切なものが何もないわけではない。言葉には限界があり、言葉でそれを言い尽くすことはできないこと、あるいは、言葉で表したとたんに、真理はその姿を消してしまうことを、達磨は逆説的な表現で伝えようとしたのである。

しかし、あまりにも短い達磨の言葉から、その真意をとらえられなかった武帝は、最後の質問を発した。「お前は何者か。」「不識」という達磨の答えは、それを言葉で表現し尽くすことはできない。私の存在そのものを、あなたは全身全霊で感じとってほしいと伝えたかったのであろう。しかし、武帝にそれを理解する余裕はなかった。両者の対面はこうして幕を閉じた。

言葉はすべての事柄を説明できるものではない。しかし、言葉がなければ私たちは意志の疎通を行うこともできない。目の前にあるワインの味の特徴を言葉で表すことはできても、味そのものを表現することはできない。やはり、百聞は一見にしかず、否、百聞は一飲にしかずなのである。

（木村文輝）

3

是什麼物恁麼来

（是《こ》れ什麼物《なにもの》か恁麼《いんも》に来《きた》る）

「是《こ》れ什麼物《なにもの》か恁麼《いんも》に来《きた》る」と読みます。これは南嶽懐譲《なんがくえじょう》が六祖慧能《えのう》に参じた時の六祖の問です。『正法眼蔵』「遍参《へんざん》」では、『広灯録』等によって次のように記しています。

南嶽大慧禅師、はじめて曹谿《そうけい》古仏に参ずるに、古仏いはく、「是甚麼物恁麼来」。この泥弾子《でいだんす》を遍参すること、始終八年なり。（中略）ちなみに曹谿古仏道《いわく》、「你作麼生会〈你作麼生《なんじそもさん》か会《え》す〉」。ときに大慧まうさく、「説似一物即不中〈一物《いちもつ》を説似《せつじ》すれば即《すなわ》ち中《あた》らず〉」。

「什麼」（甚麼）は、「何」と同じ疑問詞です。「恁麼」は、「このように」（如是）という意味ですから、この問は「何ものがこのように来たのか」という意味になります。答えるのに八年の遍参を要したということは、単に名前を尋ねたのではないと言えます。「何ものがこのように来たのか」、すなわち「このように来たのは何ものか」ということは、「おまえとは何ものか」ということで、問われた懐譲の側からすれば、「自分とは何ものか」ということになります。仏道の中心課題である自己の究明がなされているかどうかを、六祖は問うたのです。

それに対する懐譲の答は、「説似一物即不中」（ことばで説いたとたんに的外れになります）です。自分とはこのような者ですと、幾らことばを費やしても、自己そのものは言い表すことは出来ません。そう懐譲は答えたのです。

ところで、道元禅師はこの問を、『正法眼蔵』「恁麼」で次のように解釈されます。

この道《どう》（是什麼物恁麼来）は、恁麼はこれ不疑なり、不会なるがゆゑに、是什麼物《ぜじゅうもぶつ》なるがゆゑに、万物まことにかならず什麼物なると参究すべし。一物まことにかならず什麼物なると参究すべし。什麼物は疑著にはあらざるなり、恁麼来なり。

「恁麼」は「不疑」であり、「不会」であるというのは、疑う余地のない、私たちの理解を越えたものであることを表しています。「物」は人にも物にも使うのですから、あらゆるもの（万物）を指すと見てよいでしょう。「是什麼物なるがゆゑに、万物まことにかならず什麼物なると参究すべし」と説かれています。「什麼物」は、「自己とはなにか」と問いかけていると同時に、言葉で表現できない自己を示したことばであると言えます。なぜならば、言語によって表現しえない自己（万物）を語るとするならば、「なにもの」（什麼物）としか言いようがないからです。このように理解すれば、「什麼物」は既に疑問を表すのではなく、自己（万物）そのものを表しているのですから、「什麼物は疑著にあらざるなり」ということになります。「恁麼来」（このように来た）とは、このように来たもの、すなわち自己のありのままの姿（如是相）を表しており、六祖は「什麼物」こそが自己のありのままの姿（恁麼来）であることを、「是什麼物恁麼来」という問の形で示したのです。これに対して懐譲も、「説似一物即不中」、言語によって表現したとしても、それはありのままの姿を捉えたことにはならないと答えたのです。これはもう問と答ではなく、六祖の問の中にすでに答があり（問所の道得）、懐譲の答も六祖と同じ内容を自分のことばで表した（同道唱和）ということになります。このように、道元禅師は二人の問答をより深く解釈されているのです。

（伊藤秀憲）

4 思《し》量《りょう》・不《ふ》思《し》量《りょう》・非《ひ》思《し》量《りょう》

表題の語は、坐禅していた薬山弘道《やくさんこうどう》大師（惟儼《いげん》）とある僧との問答中にあり、道元禅師は『正法眼蔵』「坐禅箴《しん》」の冒頭で、その問答を取り上げている。先ずその問答と現代語訳を挙げることにしたい。

薬山弘道大師坐次《ざするおり》、有僧《あるそう》問、「兀兀地思量什麼〈兀兀地《ごつごつち》に什麼《なに》をか思量す〉」（どっかと坐って、なにを思量する〈かんがえる〉のですか）。

師云、「思量箇不思量底〈箇の不思量底を思量す〉」（思量しないところを思量するのだ）。

僧云、「不思量底如何思量〈不思量底、如何《いかん》が思量せん〉」（思量しないところをどのように思量するのですか）。

師云、「非思量〈思量にあらず〉」（思量ではない）。

ところで、『正法眼蔵』「坐禅儀」には次のように説かれている。「諸縁を放捨し、万事を休息すべし。善也不思量なり、悪也不思量なり。心意識にあらず、念想観にあらず。作仏《さぶつ》を図することなかれ。（中略）兀兀と坐定して思量箇不思量底なり。不思量底如何思量。これ非思量なり。これすなはち坐禅の法術なり」。

坐禅とは、思量分別を止め、仏に作《な》ることを意図せず、ただ坐ることである。それ故「不思量」と言われるのである。しかし、薬山が「思量しないところを思量するのだ」と言ったように、思量がないわけではない。坐禅中は眠ってはおらず、はっきりとした意識はあり、ものそのものを如実に知るのであるが、善悪を分別するような思量ではないから、その意味では「不思量」と言える。

薬山の答えに対して、僧は「思量しないところをどのように思量するのですか」と問うているが、『正法眼蔵』「坐禅箴」では次のように述べている。「僧のいふ、不思量底如何思量。まことに不思量底たとひふるくとも、さらにこれ如何思量なり。兀兀地に思量なからんや」。

道元禅師は、僧の言葉を薬山への質問とはせず、「不思量底」ということは、古くから言われているが、さらに言うなら「如何思量」であると示している。「兀兀地に思量なからんや」とあるから、坐禅している時に思量がないわけではない。それは「思量」にも「不思量」にも、「如何《いかなる》」にも当たり、「什麽《なに》」或いは「如何《いかん》」としか表現できない思量であるから「如何思量」と言われるのである。つまり、「什麽」「如何」を疑問詞とはしないのである。

このような思量であるから、薬山は「非思量」と答えたのであり、そのところを禅師は、「不思量底を思量するには、かならず非思量をもちゐるなり」（『正法眼蔵』「坐禅箴」）と述べているのである。

要するに、道元禅師は、薬山とある僧とが同じことを述べ合っている、即ち両者が対等の力量を具えていると解釈しているのである。そのような解釈によれば、思量、不思量、非思量、如何思量は同じものとなり、この問答を訳し直すと次のようになる。

僧問「坐禅している時の思量は、「什麽《なに》」としか表現できない思量である」。

師云「[その通り」その思量は不思量である」。

僧云「不思量「の思量」とは「如何《いかん》思量」である」。

師云「それが非思量である」。

（伊藤秀憲）

5

一《いち》円《えん》相《そう》

「円」は曲線で始点と終点がなく、角立つところや欠けるところもない円満の様を表している丸い形のことである。物事が捗《はかど》りスムーズに進むことを「円滑」、身や心が十分に成長したことを「円熟」というように、これらの語句は「円」の語意にも通じている。

ところで、禅者は円（円相）を描いて仏法の真理を表すことがある。『人天眼目《にんでんがんもく》』によれば、中国の六祖慧能《えのう》の法を嗣《つ》いだ南陽慧忠《なんようえちゅう》によって最初に円相が描かれ、弟子の侍者耽源応真《たんげんおうしん》から仰《きょう》山慧寂《ざんえじゃく》へと伝えられ、それが潙仰宗《いぎょうしゅう》で多く用いられるようになったという。

三祖僧璨《そうさん》は『信心銘』の中で、「円らかなること太虚に同じ。欠くること無く餘《あま》すところ無し」と、無一物の境地は無余無欠であることを標している。この真実絶対の境を学人に識得させるため、払子《ほっす》、拄杖《しゅじょう》等を以って一円相を書するのが禅家の常例である。

『碧巌録《へきがんろく》』第六十九則「南泉《なんせん》の一円相」には、慧能の孫弟子である馬祖道一《ばそどういっ》の法を嗣いだ南泉普願《ふがん》、帰宗智常《きすちじょう》、麻谷宝徹《まよくほうてつ》が忠国師（南陽慧忠）に会いに行く途中での話がある。

この話は南泉が地面に一つの円相を描き、これが何を表しているのか言えるならば忠国師に会いに行こう、と話したところにはじまる。そもそも円相が何であるか理解しているのであれば、忠国師のところに行く必要がない。また、円相で表現したことは形に捉われたものの見方である。

禅者が到達すべきところは、迷いを離れ執着をしないところ（悟り）であり、それは言葉や形で示しようがないのである。円相を描いた南泉は、自由無碍《むげ》な言葉によって仏法の真理を表したのである。

（伊藤秀真）

6 趯《てき》倒《とう》浄《じょう》瓶《びょう》

「趯倒浄瓶《てきとうじょうびょう》」は、『無門関』第四十則の公案で、唐代の禅僧、百丈懐海《ひゃくじょうえかい》が、新しい寺の住職を弟子の潙山霊祐《いさんれいゆう》に決めた逸話がもとになっている。

百丈が、新しい寺の住職を選ぶ際、弟子達を前に、浄瓶（水入れの瓶）を地面に置き「これを浄瓶と呼んではならぬ。では、お前たちはこれをなんと呼ぶか」と尋ねた。弟子達の筆頭役である首座《しゅそ》は、「木片と呼ぶわけにはいきません」と答える。すると、百丈は、台所役の潙山に「お前はどうだ」と問いかけた。潙山は浄瓶に近づくやいなや、無言で蹴り倒してその場から出て行ってしまった。これを見た百丈は、「首座は潙山にやられたな」と笑い、潙山を住職に選んだのである。

いきなり「浄瓶と呼ばずに何と呼ぶか」と問われれば、誰でも戸惑うであろう。瓶は瓶であるからして、何とも言いようがないからである。この問いには、百丈が弟子達にしかけた計略と確認が潜んでいる。瓶を別の言葉に置き換えようと考えれば考えるほど答えに窮《きゅう》していく。つまり、自己の思考や雑念に捉われているだけでは答えはいつまでも出てこないという落とし穴、そして、弟子達が余念に捉われず、禅の修行にどれだけ真摯に取り組んでいるかを見定める企図がこの問いに含まれている。首座の言葉は言いかえただけであり、百丈の求めには応じてはいない。しかし、潙山は無言で浄瓶を蹴ってしまった。彼は、百丈の真意を理解した上で、雑念に捉われず、禅修行に取り組む覚悟を行動で示したと考えられる。

文面だけをみれば不可思議であるが、その裏には、己の覚悟を提起した公案と言えよう。

（加藤正賢）

7 呵《か》々《か》大《たい》笑《しょう》

時代劇ファンである私が、「呵々大笑」の言葉を見るたびに思い出すのは、東野英治郎さんや西村晃さんなどが演じる水戸黄門が、「カッカッカッ」と高笑いする様子です。水戸光圀《みつくに》公は、自らが望む正義が実現した時に満足して、愉快に大笑いします。

それでは、禅僧はどのような場面で呵々大笑するのでしょうか。参考として、次の禅問答を見てみたいと思います。

師、行脚《あんぎゃ》の時、大慈に問う、「般若、何を以てか体《たい》と為《な》す」。慈、云く、「般若、何を以てか体と為す」。師、便ち呵呵大笑して出づ。大慈、来日、師の掃地するを見る次でに問う、「般若、何を以てか体と為す」。師、掃帚を放下して、呵呵大笑して去る。大慈、便ち方丈に帰る。

『趙州和尚語録（下）』

これは、中国唐代の禅僧、趙州従諗《じょうしゅうじゅうしん》禅師と大慈寰中《だいじかんちゅう》禅師による問答です。二人の問答では、仏の智慧を示す「般若」の本体を取り沙汰しています。しかし、この般若とは、空《くう》思想を示すものであり、この問いかけは、どのような答えを言っても当たりません。よって、般若の働きを示すことが求められます。

問われた大慈はいったん、趙州の問いをオウム返しすることで般若の働きを示しました。そして趙州は、大慈のオウム返しに言葉で応じず、呵々大笑しました。次の日、趙州が掃き掃除をしている所にやって来た大慈は、般若の本体について再び問い直します。すると趙州は、持っていたほうきを置いて、またしても大笑いして去って行き、大慈も自室に帰りました。

禅宗では、言語を「葛藤」といい、分別や煩悩を招く原因だとしました。しかし、仏法や般若の表現をしなくてはならないとき、禅僧は様々な身体の動作を用いたり、言語ならざる言語を用いたのです。趙州と大慈の振る舞いはそれぞれ、言語を用いずに、般若の働きを示したことが分かります。

しかし、そのような働きがまるで感じられない笑いもあります。

のちに宝慶元年乙酉夏安居のなかにかさねていたるに、西蜀の成桂知客と廊下を行歩するついでに、予、知客にとふ、這箇是什麼変相。知客いはく、龍樹身現円月相。かく道取する顔色に鼻孔なし、声裏に語句なし。予いはく、真箇是一枚画餅相似。ときに知客大笑すといへども、笑裏無刀、破画餅不得なり。

『正法眼蔵』「仏性」巻

道元禅師が中国留学時、阿育王山広利寺を拝登すると、同寺の廊下にインドと中国の祖師方の変相図《へんそうず》が掛かっていたそうです。そのうち、龍樹《りゅうじゅ》尊者の変相図は、台の上に大きな円が描かれていただけでした。龍樹尊者が坐禅を組むと、丸い満月のように悟りを顕現したことを表現したものです。しかし道元禅師は、坐禅はただ坐禅の姿を描くべきだと考え、この絵を「画に描いた餅のようですね」と評しました。すると、案内していた接待役の和尚は、冗談だと思って大笑いしたのです。しかし、道元禅師は冗談を言ったのではありません。あくまでも仏法の真実を述べたわけで、和尚が発した笑いは、仏法の真実や、坐禅の本質に気付いていないものとして、批判したのでした。

禅僧の笑いは、ただの笑いで終わらず、迷いを断ち切る刀を含むものでもあるのです。

（菅原研州）

第五章

修行と悟り——本《ほん》証《しょう》妙《みょう》修《しゅ》

1

只《し》管《かん》打《た》坐《ざ》

道元禅師が入宋《にっそう》し、天童山景徳寺で如浄《にょじょう》禅師の膝下《しっか》にて修行中のことでした。ある時、如浄禅師より「坐禅は、身や心から生ずる迷いやわずらいから開放され自由無碍《むげ》（身心脱落《しんじんだつらく》）になる。それはひたすら坐禅に打ち込み（只管打坐《しかんたざ》）、はじめて得られる。焼香・礼拝・念仏や、罪を仏祖に懺悔《さんげ》し、お経を読む必要はない」と教えられ、道元禅師は、長年抱いていた修証《しゅしょう》問題の疑問を一時《いっとき》に氷解し、「一生参学（学問修行）の大事」を終えたと述懐しています。

その「只管打坐」（「祇管打坐」とも表記）とは、もっぱら坐禅の一行に徹することであり、一般の人が考えるような「修行」を重ね、やがて「さとり」（証悟）にいたるものではありません。また「さとり」を得たり、「ほとけ」になるための坐禅でもありません。

それは修行とさとりを別とせず、さとりのうえの修行であること。初心者の坐禅もさとりの本質（本証）の全体であるというのです。それを道元禅師は「仏法には修証これ一等なり。いまも証上の修なるゆゑに、初心の弁道すなはち本証の全体なり」「一分の妙修を単伝する初心の弁道、すなはち一分の本証を無為の地にうるなり」と述べています。

それは大乗仏教の思想「空《くう》」（縁起）に裏づけられた「無所得・無所悟」の坐禅です。すなわち迷いを離れ、あらゆるものに執われず、偏《かたよ》らない坐禅です。是非善悪の分別や意識を離れ、先入観を斥け、ただ「無心」に坐すのです。それは、世のため人のために尽くす心（利他行）を内面に秘めながら、自己の尊厳性（仏性）を自覚した「仏作仏行《ぶっさぶつぎょう》」のおこないであり、文字通り「ほとけを行ずること」といえます。

ところで老荘思想の中、『荘子』「大宗師」篇に仲尼《ちゅうに》（孔子）と顔回《がんかい》との対話に「坐忘《ざぼう》」という語句が出てきます。顔回が自分は仁義を忘れ、礼儀を忘れ、そして坐忘ができるようになったと語り、その坐忘とは「枝体（肢体。体や手足）を堕《おと》し聡明を黜《しりぞ》け、形を離れ知を去りて、大通に同ずることである」と孔子に説明しているのです。

この大意は、身や心の働きや意識を忘れ捨て去り、一切の差別や相違を超越することが、「無為自然」（人為を加えない大自然）の働きに通じ、同化するというのです。それは「無我想」の想念・「無我観」の観法の一面、道元禅師の示す坐禅の心構え「善悪を思わず、是非を管することなかれ、心意識の運転を停め、念想観の測量を止むべし」（『普勧坐禅儀』）の語句、百丈懐海《ひゃくじょうえかい》の大自然と融和し大地に坐す「独坐大雄峰《どくざだいゆうほう》」の世界が想起できます。

また南宗禅の慧能《えのう》は「頓悟《とんご》禅」を「この法門は無念を宗となす」（『六祖壇経』）と説き、弟子の荷沢神会《かたくじんね》はそれを「無念禅」としました。さらに「内に無所得、下に無所求、諸位を歴せず、業結せず、無念無作、非修非証」（『祖堂集』）の境地にも一脈通じています。

只管打坐は、あるがままの真実に任せ自在にふるまう「任運無作《にんうんむさ》」の行です。それは如浄禅師の教示に由来しますが、道元禅師はさらに発展させました。すなわち『正法眼蔵』「行仏威儀」・「行持」の巻などには坐禅の「一行」にとどまらず、あらゆる威儀・作法・作務を「諸仏の実帰」「仏作仏行」の行持として縦横に示されているのです。

（吉田道興）

2

行《ぎょう》持《じ》道《どう》環《かん》

道元禅師の著作『正法眼蔵』「行持」の冒頭部分にある言葉で、次のように用いられている。

仏祖の大道、かならず無上の行持あり、道環して断絶せず。発心《ほっしん》・修行・菩提・涅槃《ねはん》、しばらくの間隙あらず、行持道環なり。

「仏祖の大道」とは仏道のことである。仏道にはかならずこの上ない行持があるとする。行事と書くギョウジは、年中行事、行事予定などとよく使うが、行持とは見慣れない言葉である。行持の持はたもつの意であって、行持とは修行の護持・持続ということである。その行持が環《わ》のように切れ目がなく、断絶していないというのである。そして、発心・修行・菩提・涅槃の間に少しの隙間もなく、行持道環であるとあるが、それはどのようなことであろうか。

一般には、一度発心し、長い修行の後に菩提（さとり）を得て、涅槃（仏教で説く理想の境地）に到るというように、この四つを直線上に配列して考えている。しかし、ここではそのような直線的なものとは捉えておらず、道環であるとする。すなわち仏道を円い環と捉えているのである。発心・修行・菩提・涅槃の間に少しの隙間もないということは、これらが円い環のように連なってめぐりめぐっていることなのであろうか。道元禅師の法を嗣《つ》いだ詮慧《せんね》が著した『正法眼蔵聞書』（現代語訳）では、次のように注釈している。

「道環して断絶せず」というのは、教行証が一つである道理を道環と言うべきである。菩提に到る証は、船筏《せんばつ》も必要としない。発心・修行［・菩提・涅槃］みな道環である。発心の時、修行の時［など］と分けないのを道環と言うべきである。

教行証（教えと修行と証《さとり》）が一つであるということは、発心・修行・菩提・涅槃が円く連なってめぐっていることではなく、四つが同じであるということなのである。また、「菩提に到る証は、船筏も必要としない」とあるが、この船筏については、『永平広録』巻八法語（現代語訳）で次のように述べている。

諸宗の坐禅は、悟りを待つことを原則としている。たとえば、船や筏《いかだ》を借りて大海を渡るようなものである。海を渡ったときには、船を投げ捨てるべきであると思っている。「しかし」わが仏祖の坐禅はそのようなものではない。これは仏行である。

諸宗の坐禅を、大海を渡るための船筏にたとえている。渡って（悟って）しまえばもう船筏（坐禅）は必要がなくなってしまう。そのように、諸宗の坐禅は悟るための手段としての坐禅であって、仏祖の坐禅はそのようなものではなく、仏行（仏の行）であるとする。悟るための坐禅ではないから修行に終わりはない。それを、「行持」の巻では始めも終わりもない環でもって表したのである。しかし、発心等の四つがめぐりめぐって終わりがないのではなく、それらは一つである。悟るための行ではなく、行（仏道の生活）がすなわち悟りであって、行のほかに悟りがあるのではない。それゆえ仏を行持と言うこともできるのである。

（伊藤秀憲）

3

不《ふ》染《ぜん》汚《な》

不染汚という語は、中村元著の『仏教語大辞典』によれば仏教一般では「ふぜんま」とよみます。染は色がつく、そまる意。汚はけがれるで、他のものの色に染まらず、けがれのないこと、煩悩にけがされないことといい、禅宗では「ふぜんな」とよむといいます。この不染汚という語が禅宗における重要な禅語となり、禅独自の意味合いを持つようになるのは、六祖慧能《えのう》（六三八〜七一三）とその上足である南嶽《なんがく》懐譲《えじょう》（六七七〜七四四）との問答に負うところが大です。その問答は『景徳伝燈録』巻五にありますが、道元禅師（以下禅師）の『正法眼蔵』「洗浄」における劈頭《へきとう》にも、

仏祖の護持しきたれる修証あり、いはゆる不染汚なり。南嶽山観音院大慧禅師（南嶽懐譲の諡《おくりな》）因みに六祖問う。返って修証を仮るや否や。大慧云く、修証は無きにあらず、染汚することは即ち得ず。六祖云く、只是の不染汚、諸仏の護念する所なり。汝も亦《ま》た是の如し、

乃至西天の祖師も亦た是の如し云々。（原漢文）

とあります。そこで、「不染汚」の意味を禅師の言葉を手掛かりに垣間見《かいまみ》たいと思います。

諸仏や仏祖が護念し護持してきたのは不染汚であるといいます。しかも「修証は無きにあらず、染汚することは即ち得ず」で、修証は無いわけではないが、本来の修証は修証不二で切り離すことができないので、染汚することはできないといいます。江戸時代の注解書である『正法眼蔵聞解』には、「修証両段ナラヌユエニ、修ニ修ノ染モ見エズ、証ニ証ノ汚モツカヌナリ」とあります。

また、不染汚について禅師は『正法眼蔵』「坐禅儀」に、「坐禅は習禅にはあらず、大安楽の法門なり、不染汚の修証なり」と述べています。禅師の坐禅は、習禅ではなく修証を両段に分けられない不染汚の修証としての坐禅です。更に、『普勧坐禅儀』にも「坐禅は習禅には非ず。唯是れ安楽の法門なり、菩提を究尽《ぐうじん》するの修証なり」と述べています。坐禅は禅定を習修し悟るがためのものではなく、仏祖の居場所である安楽の法門であり、菩提を究尽しているところです。そのため、坐禅は清浄なる仏祖の世界であるところから、両段無き修証に染汚が入り込む余地がありません。不染汚の世界のみということです。

それでは不染汚の修証である坐禅はどんな坐禅でしょうか。禅師の『学道用心集』における「直下承当の事」で、「坐禅は行証を左右にす」と示しています。行証はもともと坐禅の中に含まれていて別々のものではなく、紙の表裏の如く切り離すことができないものです。本証としての行の側からすれば「争《いかで》か修証を仮らん」であり、「何ぞ功夫を費さん」の妙修です。是を清浄な不染汚の世界から見れば、「逈《はる》かに塵埃を出ず」であり「孰か払拭の手段を信ぜん」ということで、不染汚の修証の世界、本証妙修なる坐禅の世界です。

行証を左右にした坐禅、不染汚の修証という坐禅は、行と証、染汚と不染汚と分かれる以前である仏祖の世界の風光です。不染汚は、先ほどの中村元のいう「他のものの色に染まらず、けがれのないこと、煩悩にけがされない」世界ですが、それを具体的に示したのが不染汚の修証である本証妙修の坐禅ということになります。

（神戸信寅）

4 磨《ま》甎《せん》作《さ》鏡《きょう》

甎というのは、仏殿や禅堂などに敷かれる床材で、屋根瓦と同じ材質で作られたものである。〝磨甎作鏡〟とは、甎を磨いて鏡にする、という意だが、当然、甎を磨いても鏡になるはずがない。この語は、唐代の禅僧・馬祖道一が師の南嶽懐譲と交わした問答に出てくる。それはこんな話だ。

馬祖が坐禅に励んでいると南嶽がやって来て訊ねた、「あなたは坐禅をしてどうしようというのだ」と。馬祖は「仏になろうと思います」と答えた。すると南嶽は、一枚の甎を取って、石の上で磨き始めた。それを見た馬祖は「何をなさっているのですか」と言うと、南嶽は「鏡にしようと思う」と答えた。馬祖は不思議に思い「甎を磨いても鏡にはできません」と言うと、南嶽は「坐禅をしても仏にはなれないぞ」と切り返した。その意味が解せない馬祖に対し南嶽は、「牛車が進まない時、車を叩くのと、牛を叩くのとどちらが正しいのだ」と問う。馬祖が答えないと、南嶽はこう諭した、「おまえは坐禅を学んでいるのか、それとも坐仏を学んでいるのか。

もし坐禅を学ぶというのなら、禅は坐ったり横たわったりすることではないぞ。もし坐仏を学ぶというのなら、仏は定まった形とは限らないぞ。仏は、何ものにもとらわれない真理として捉え、取捨してはならない。おまえが、もし坐仏するのなら、仏を殺すことになる。もし坐る形にとらわれるのなら、真理に到達できない」と。

この問答で、南嶽は馬祖の坐禅、坐仏へのとらわれを戒めたとされている。坐禅は釈尊以来、悟りに至る手段として、仏道修行者によって日々実修されてきた。そうであるから、馬祖が坐禅をすれば仏になる（悟りに到達する）ことができると考えたのも当然のことである。しかし、そのように考えることは、仏になるには坐禅をしなければならないという固定観念を生み、坐禅に執著することになる。禅門では無所得・無所悟を肝要とする。仏道修行者の大目標は、さとりに至ることであるが、それを目標としない（とらわれない）あり方が、求められる。なぜならば、悟りは一切の煩悩（執著）を超越した境地であり、何かを目標にすることは、煩悩を持つことになる。そのため、悟りを目標にしてそれに向かって邁進する限り、真の悟りには到達できない。そのような姿勢が、馬祖の言葉や態度に見え、南嶽は戒めたのだ。

これに対し、道元禅師はこの問答を次のように解釈している。南嶽の「もし坐る形にとらわれるのなら、真理に達することはできない（若執坐相非達其理）」ということばを、「なんじ、執坐相は非達の其理なり」と読み、「執坐相」は、坐禅に徹底する意に、「非達其理」は、既に余すところなく真理に到達している意に解釈している。道元禅師の立場からは坐禅はあくまでも仏行で、それに徹底することが真の悟りだというのだ。

二〇一三年、ノルディックスキーW杯の女子ジャンプで、高梨沙羅選手が史上最年少で個人総合優勝を決めた。日々の精進が実を結んだわけだが、決定直後のインタビューで彼女は、「決まったんですか」と逆に質問していた。優勝を意識しなかったことが好結果に繋がったようだ。このことは、目標にとらわれず、自己の道に徹底することの大事さを示していると言えるのではないだろうか。

（河合泰弘）

5

久習模象、勿怪真龍

（久《ひさ》しく模象《もぞう》を習《なら》って、真龍《しんりゅう》を怪《あや》しむことなかれ）

道元禅師の著作である『普勧坐禅儀』の中の言葉で、訓読すれば「久しく模象を習って、真龍を怪しむことなかれ」である。流布本は「摸象」であるが、天福元年（一二三三）に禅師が自筆されたいわゆる天福本は「模象」である。「摸象」と「模象」のどちらを採るかで二つの解釈が行われてきた。

「摸」はなでるの意であるから、「摸象」は『涅槃経《ねはんぎょう》』にある、目の見えない人々が象をなでるの意に解される。目の見えない人々に象を触ってもらい、象とはどのようなものかを批評させたところ、象の牙・耳・頭・鼻・脚・背・腹・尾など、それぞれ自分が触れて知ったことだけで判断して、象とはこのようなものであるといって主張したという話である。これは全体をとらえず、部分的に見て自分の説の正しいことを主張することのたとえである。一方、「真龍」は、春秋時代に、楚《そ》の葉公《しょうこう》が彫龍（木や石などに彫り刻んだ龍）を愛していたが、真龍（本物の龍）が現れたら逃げ出したという故事にもとづくものである。以上のことから、経論家の教え（摸象）に滞っていて、本物の仏法、すなわち坐禅（真龍）を見失ってはいけないなどと解釈するが、少し無理があるように思う。

ここでは「模象」の方をとるべきであろう。もっとも、「摸」には模（まねる）の意味もある。象は動物のゾウではなく、像と同じ意味に使われるから、「模象」（模して作った像）は、先の「彫龍」に相当する。

『正法眼蔵』「坐禅箴《しん》」には「彫龍を愛するより、すすみて真龍を愛すべし。彫龍・真龍ともに雲雨の能あること、学習すべし」とある。これを道元禅師の孫弟子の経豪《きょうごう》の注釈書である『坐禅箴抄』（現代語訳）では、次のように注釈している。

これは［葉公が］あまりに龍を愛して絵にも画き、木にも彫って、たくさん龍を賞翫した。この気持ちに応えて、本当の龍が現れた時、［葉公は］恐れて走り去った。この喩えを、ここに引き出されたのである。これは坐禅と作仏との関係を、この「真龍」と「彫龍」によって喩えられるのである。そのわけは、坐禅は現在の行為であり、この行為の力によって成仏得道すると、普通一般には理解するのである。今の坐禅はそうではない。坐禅と作仏とは決して違いがあるはずがない。坐禅を「彫龍」に喩え、作仏を「真龍」に喩える。結局は「彫龍」も「真龍」も一つであると理解するのが、仏から祖師へと代々伝えてきた坐禅の道理であろう。作仏を待たない坐禅であるから、「彫龍・真龍ともに雲雨の能あること、学習すべし」と決着されるのである。

坐禅というと、悟りを得る、仏と成るための手段と考えるが、そうではないのである。『坐禅箴抄』は、坐禅を彫龍に、作仏（成仏）を真龍に喩えているとする。彫龍は本物の龍（真龍）ではない。しかし道元禅師は「彫龍・真龍ともに雲雨の能あること、学習すべし」と述べている。彫龍にも真龍と同じように、雲を起こし雨を呼ぶ能力があるというのであるから、彫龍と真龍との間に能力の差はない。坐禅することによってやがて仏となるのではなく、「久しく坐禅（模象）を習って、それがすなわち作仏（真龍）であることを怪しんではならない」と説いているのである。

（伊藤秀憲）

6 仏《ぶつ》向《こう》上《じょう》事《じ》

授業で「永平寺修行の四季」というビデオを学生たちに見せた。それは、若き雲水たちが日々の修行に励む様子を収録したものである。学生の中には卒業後、永平寺に修行に入ろうという者もおり、不安と期待に満ちた複雑なまなざしで画面に見入っていた。

禅では、日常の生活のすべてが修行であるという。坐禅や読経ばかりではなく、掃除をはじめとする日々の作務や食事、入浴に至るまで、すべてを修行と捉える。「仏向上事」という語は、そのような修行の姿勢を表す語である。これに関して、曹洞宗の祖とされる洞山良价《とうざんりょうかい》（八〇七～八六九）とある僧の問答が伝えられている。

洞山、「仏の向上の事があることを知らねばならない（須知有仏向上事）」。

僧、「仏の向上の事とは何ですか（如何是仏向上事）」。

洞山、「仏ではない（非仏）」。
雲門、「名づけようもないし、象《かたど》ることもできないので、非と言うのだ（名不得、状不得、所以言非）」。

ここに「向上」ということばがあるが、これは、「向上を図る」などというように、一般的には、「上に向かって進むこと」と解釈される。語録や燈史をみると、祖師の中には、修行時代に修行の目的などを訊ねられて、「仏になるため」とか「さとりを目指して」とか明言している者が少なくない。その意味では、「仏向上事」の語は、仏の世界（さとり）に向かって進むべきことを示していることになる。しかしながら、ここでいう「向上」ということばには、そのような意味はなく、単に「その上の」というぐらいの意なのである。よって、仏向上事というのは、「さとりの世界のまたその上」があることを教えているのである。道元も『正法眼蔵』「仏向上事」巻でこう述べている。「いはゆる、仏向上事といふは、仏にいたりて、すすみてさらに仏をみるなり」と。すなわち、仏向上事というのは、さとりに到達しても、それで終わりではない、さらにその上があるんだ、ということを示し、仏の世界、悟りの世界に停滞したり、安住してしまうことを深く戒めているのである。

さらにそれは、洞山が「仏ではない」と言っているように、もはや仏ということばでは表すことのできないものであり、また、固定化した言語表現を避けることによって、それに対する執著を取り除こうとしているのである。このように、さとりを目的視せず、不断に修行をしていくところこそが、実はさとりなのである。このように、洞山の「仏向上事」は、道元禅の「本証妙修《ほんしょうみょうしゅ》」に継承される洞山禅の核心なのである。

われわれは、日々の生活の中で、結果を求められることが多々ある。結果さえ得られれば、どのような手段をとっても構わないというような風潮がある。しかし、それでよいのだろうか。あまりにも結果にこだわると、不正な手段に走ることもあろうし、結果が得られればそこで安心して努力を止めてしまい、それが慢心につながり、ひいては人間を堕落させてしまうこともある。人が一心不乱に努力する姿は美しい。それはその姿に何らかの尊さを感じているからである。たとえ思うような結果が得られなくとも、不断の努力は人間性の向上にもつながってゆく。それが「仏向上事」の示すもう一つの面であろう。

（河合泰弘）

7

独《ど》坐《ざ》大《だい》雄《ゆう》峰《ほう》（1）

私の教え子に兄の名が大雄《だいゆう》、弟が雄峰《ゆうほう》という兄弟の学生がいた。名前の由来をきくと祖父がつけたという。しかし、詳しい意味は知らないとのことであった。彼らの祖父は有名な曹洞宗の布教師であった。迫力のある法話は説得力があり、ありがたく心打つものであった。

その布教師の弟子と私は同級生で、ともに学究の道を歩んだ。学生時代、その老師《ろうし》の住職していたお寺を訪ねた時、こんなことをいっておられた。それは、「いたみやゆがみで荒れているこの寺院の伽藍復興が自分の誓願である。庫裡《くり》の復興は大学院修士課程の修了、本堂の復興は博士論文の完成と思っている。自分はその目標に向かって一所懸命精進《しょうじん》するから君たちも仏教学研究に努力せよ。競争しようではないか」と元気よく私たちを励ましてくれた。

その老師は見事な伽藍の復興を成し遂げた。自分でいっていた博士号を取得したのである。しかし、体の不調も省《かえり》みず、無理に無理を重ねて全国へ布教に回っていたため、腎臓《じんぞう》をいためたため、透《とう》析《せき》をせねばならない体となり亡くなられた。

二人の孫の名をつけた老師の思いは何であったろうか。中国江西省《こうせいしょう》にある大雄峰、すなわち百丈山《ひゃくじょうざん》に住む唐代の禅僧百丈懐海《えかい》の教えを実践する人になってもらいたかったのではなかろうか。

百丈は禅宗の修行法や生活規律、道場の組織などをまとめた『百丈清規《しんぎ》』を制定した人である。この清規により初めて、多くの修行者が集まる道場において、混乱もなく整然と修行生活が送れるようになった。一日仕事をしなかったならば、その日は食事をとらないという「一日作《な》さざれば一日食《く》らわず（一日不作一日不食）」の故事《こじ》で知られている百丈の精神は、禅宗教団の生活規則に欠かせないものであった。

『碧巌録《へきがんろく》』第二六則《そく》に百丈の公案《こうあん》がある。ある僧（学人）が百丈に「如何《いか》なるか。奇特《きどく》の事」と尋ねた。奇特とはありがたいことで、「この世で最もありがたいこと、すばらしいことはどんなことか」と問うたのである。そこで、百丈は「独坐大雄峰」と答えている。大雄峰とは百丈がいた百丈山のことで、そこに独《ひと》り坐《すわ》っているのが最もすばらしいことというのである。すると、その僧は礼拝《らいはい》した。それをみて百丈は僧をただちに打ったのである。

この禅問答だけでは何を主張しているのかはっきりわからないが、百丈の生涯は百丈山で坐禅三昧《ざんまい》であった。坐禅以上のものはありえないところから、「独坐大雄峰」と答えているのである。ところが、その僧は礼拝したのである。その礼拝は百丈の心を会得《えとく》せず、それ以上のものを要求している礼拝であったため、百丈は痛棒《つうぼう》を与えたのである。つまり、坐禅をして悟りを開いた世界がすばらしい世界であるということに対し、ただ一人、大雄峰に坐っているだけというのである。坐禅をして悟ることへの執著《しゅうじゃく》を打ち消し、打ち払ったことばが「独坐大雄峰」であった。

お茶を飲む時には、ただお茶を飲めばよい。ご飯を食べる時には、ただご飯を食べればよい。日常生活のその時、その場のことを、一所懸命行《おこな》えばよいのである。百丈の精神を命名された二人は、今、住職となり、その教えを実践している。「独坐大雄峰」には、最近よく聞かれる「ぶれ」はないのである。

（川口高風）

第六章

大《たい》悟《ご》の因《いん》縁《ねん》
――如《にょ》実《じつ》知《ち》見《けん》

1

三《ざん》昧《まい》

サンスクリットの「サマーディ」の音訳。三摩地《さんまじ》とも音写される。定《じょう》、禅定《ぜんじょう》、等持《とうじ》などと漢訳された。これは、一般には「心をなにかに集中して、無念無想になること」というように解釈される。なにかに集中するという限り、心は働いている。それなのに、無念無想という。ここに三昧のあり方が示されている。

三昧は広い意味ではヨーガの一つのかたちである。ヒンドゥー教の古典『ヨーガ・スートラ（経）』はヨーガを八つの階梯に分けて述べている。この八階梯のうち、最後の三階梯が三昧に直接関係する。すなわち第六「凝念《ぎょうねん》」、第七「静慮《じょうりょ》」、第八「三昧」の三階梯である。第六は「特定の対象を結びつけること」であり、第七は「その対象に想念がひとすじに伸びていくこと」であり、第八は「心が対象のみとなって現れ、心の自体が空になったかのような状態となること」である。この階梯は仏教においてもほぼ同じであり、第六は伝統的には「止」、第七、八は「観」

と呼ばれてきた。

たしかに三昧にあっては「自分が対象を見ている」という意識は無くなっているであろう。その意味で「無念無想」なのではあるが、心の働きは存在しているのである。「働きのみになっている」と言う方が正確であろう。しかし、インドと中国・日本では「想念がひとすじに伸びて」いった結果が異なっているようだ。インドでは心は全対象を自分の方に収め取る。世界を心に収めるのである。

一方、中国・日本では心は対象つまり世界に溶け入る。日本の禅寺で庭が重視されるのは心が自然の中に溶け入るからであろう。

（立川武蔵）

2 十《じっ》方《ぽう》壁《へき》落《らく》なく、四《し》面《めん》また門《もん》なし

瑩山《けいざん》禅師の『伝光録』「第四七祖悟空禅師真歇清了《しんけつせいりょう》章」の本則に、

霞《か》問う、「如何なるか是れ空劫已前《くうごういぜん》の事《じ》」。師（清了）、答えんと擬す。霞云く、「汝、忙しき事あり。且《しば》らく去れ」。師、一日、鉢盂峯へ登って豁然として開悟す。

（訳）丹霞《たんか》禅師が、「この宇宙の生成する以前の事というのはどうなんですか」、と質した。清了和尚が答えようとすると、丹霞禅師は「お前さんは「心が」さわがしいことがある。ちょっとひきさがりなさい」、といった。清了和尚がある日鉢盂峯に登って、「そこで」ぱっと悟りを開かれた。

「空劫已前の事」は『伝光録』内でも、「空劫已前の自己」とも言っている。自己の方が親しかろう。本来の自己をいう。

　ここのところを瑩山禅師は「提唱」で、「一日、鉢盂峯の頂に上って、十方壁落なく、四面又門なし。十方目前なる時に至って承当す」、と述べる。鉢盂峯は峯の形から名となった。応量器を伏せた形である。切り立つような崖もなく、前門後門に相当するような入り口もない。おだやかな峯である。

　上空は無限である。上下八方（＝十方）そのまま目前である。そこで丹霞禅師から拈《ねん》起《き》された「空劫已前の事」を承当したのである。

　その時の様を言葉で言い表せず、帰って黙って師の傍らに侍立するだけであった。丹霞禅師は「思えらく、汝、ある事を知りぬ」（思うに、お前さんは悟りの当体を知った）、と印可された。ここのところの文意をはっきりさせるには、『従容録《しょうようろく》』第六一則「乾峯一画」の「本則」の「評唱」を見るがよい。


「衲僧分上（修行僧の立場）の若きは、天童《てんどう》（＝天童正覚《しょうがく》、宏智《わんし》正覚）曽て道《い》う、十方壁落無し、本従り来、元遮欄没し。四面亦た門無し。只だ這裏（ここ）便ち是れ入処なり、と」（宏智小参の語）

十方に何のさえぎるものもなく、自由無礙である。本則は真歇清了禅師が最晩年に述懐した言葉であった。悟りとは時間空間を超越している。だからこそゆるぎないものである。仏教語では真如とか第一義諦とか種々の言葉で表現されるが、実体験を重んじる禅の立場からは、真実というのが一番親しい。その真実を掴んだのが悟りである。不動である。観念ではない。体験である。認得である。

さて、保留していた「汝、ある事を知りぬ」と言った丹霞禅師の語である。この語は、『伝光録』「第三祖章」「第三六祖章」「第四五祖章」「第四六祖章」などにも出る。瑩山禅師の大悟の体験が反映されているのである。その点、道元禅師が綿密に仏行を行ずることによって、仏(覚者)の行が顕現されるという説かれ方と少し違う。恐らく日本曹洞宗を確立しようとする瑩山禅師において、他流、特に臨済宗との交流を考える上で、悟りの体験が強調されてくるものと思われる。

瑩山禅師の体験が表に出る。それは強烈なものであった。『伝光録』の「光」とは大悟のことである。「燈」ではない。仏祖の大悟の体験が連ねられているのである。

(鈴木哲雄)

3 聞《もん》声《しょう》悟《ご》道《どう》

叢林《そうりん》における修行において、行事の開始・終了はすべて鐘や太鼓などの鳴らし物で告げられます。中でも大きな梵鐘《ぼんしょう》や暁天鐘《きょうてんしょう》（朝の坐禅の際に鳴らす鐘）を打つ際には、鳴鐘の偈《げ》という偈文を一打するごとに一回唱えながら五体投地の礼拝を行います。それは「三途八難、息苦停酸、法界衆生、聞声悟道」という文言です。「仏の説法の届かない苦しみの世界にいるすべての存在に、この鐘の音が届いて悟りへの導きとなるように」という願いを込めて鐘を打つのです。

偈文の最後にある「聞声悟道」のように、音を聞いて仏道の悟りを得る種々の逸話は今に伝えられていますが、有名なものの一つに唐末の禅僧・香厳智閑《きょうげんちかん》（?～八九八）の開悟を収めた「香厳撃竹《げきちく》」（『景徳伝燈録』巻第一一）があります。香厳は百丈懐海（七四九～八一四）の弟子であったが、百丈の没後は兄弟子の潙山霊祐《いさんれいゆう》（七七一～八五三）のもとで修行していました。若くして学問の誉れ高かった香厳は、ある日、潙山から「父母未生已前《ぶもみしょういぜん》の面目とは何か」と問われますが答えに窮してしまいます。「父母未生已前の面目」とは自分や両親が生まれる前の状態や天地開闢《かいびゃく》以前の混然一体な様子、転じて自己・他己を分別する考え方を離れた悟りの境地を意味します。その真意は仏門に入ってから身につけた知識や教義を離れて自身を表してみよということです。

その後、香厳はあらゆる経典を読んで参究しますが、遂に答えに至らず潙山に嘆願して教えを請いました。潙山は「答えてもよいがそれは私の見解であるから、それを模倣するようではあなたのためにならない」と拒否します。香厳は所持していた経典をすべて焼き払い、潙山のもとを離れて武当山（湖北省）に庵を構えました。それから生活は教義の追求からは距離を置き、行住坐臥という生活の要素一つ一つに対して真剣に取り組むというものでした。二十年に及ぶ修行の末、開悟の機縁となったのは庭掃除の作務でした。香厳が箒で庭を掃いていると石が飛んでいき、竹に当たった。この音を聞いた瞬間に香厳は開悟したといいます。この時の心境を歌った偈がありました。「一撃に所知を忘じ、更に修治を仮らず」。竹の一鳴を聞いた瞬間に今まで学んだことはすべてどこかに行ってしまった。それは修行の成果ではなく、本来ここにあったものであると香厳は言います。作務の最中の香厳には余計なはからいがなく、ただ箒で掃くことだけを心がけていたのです。石が竹に当たった音を聞く直前まで、香厳は自他の分別を超えて、まさに父母未生以前の状態になっていたと言えます。

「不立文字《ふりゅうもんじ》」のように仏教の究極のところは言葉では表現できないと言われます。しかし、見聞することのみで悟りの体験に至ることもありません。正しい修行、ひいては正しい生き方をしているときにこそ自己の本分に気づくことが可能となるのです。現代社会では効率を重視するあまり様々な仕事や家事を掛け持ち、同時平行に行うことが求められがちです。このような時代にこそ腰を据えて一つのことにあたる姿勢を香厳は示唆しているかのようです。

（大橋崇弘）

4 画《が》餅《びょう》

『正法眼蔵』「渓声山色《けいせいさんしき》」の巻に、香厳智閑《きょうげんちかん》の悟りの契機が語られる。いわゆる香厳撃竹の話である。周知のことかも知れないが、ことの順序として、その顛末を記す。

香厳は大潙《だいい》禅師の下で修行していた。ある時、大潙が言った「君は聡明で物知りだ。お経の注釈なんかからでなく、君の父母も生まれる前の所からある一句をわしのために言ってくれ」と（なんぢ聡明博解なり。章疏のなかより記持せず、父母未生以前にあたりて、わがために一句を道取しきたるべし）。

香厳は答えようと試みるがどうしても出来ない。今まで色々勉強してきたことは何だったのか、年来集めた書物も焼いて「画にかけるもちひは、うゑをふさぐにたらず。われちかふ、此生に仏法を会せんことをのぞまじ、ただ行粥飯僧《ぎょうしゅくはんそう》とならん」と言って年月を経た後、大潙に言った。「お願いですから、私のために言って下さい」と。「言わないことはないが、言えば後に君はわしをうらむだろうよ」と。その後、大証国師《だいしょうこくし》の跡を武当山に訊ねて庵を結んで暮らした。ある時、掃除をしていて、掃いた石が竹にカチンと当たった音を聞いて大悟したという。まさに、自然の語る真理の声を聞いたのだった。それこそが父母未生以前の一句だった。香厳は、大潙に深く感謝した。

ここで香厳の言った「画にかけるもちひは、うゑをふさぐにたらず」というのは、知識だけでは何ともならないということだ。大悟するには一旦それを放下しなければならない。大潙はそれを勧めたのだ。この言葉は、「画に描いた餅では腹はふくれない」というように今も世間に通用している。

『正法眼蔵』には面白い例がある。「心不可得《しんふかとく》」の巻の、徳山宣鑑《とくさんせんかん》に関する話だ。道元禅師は徳山の話をよくする。尊敬もしているが、この話は駄目な徳山だ。『金剛経』に「過去心不可得、現在心不可得、未来心不可得」とあることをめぐってのある婆さんとのやりとり。徳山は自分は『金剛経』のことは何でも知っていると自負し、「周金剛王」と称していた。ある時、南方に嫡《てき》嫡相承《てきそうじょう》の無上の仏法があると聞いて「憤りにたえず」自分の作った注釈書を背負って遥々南方に出かけた。途中一休みをしていると、餅売りの婆さんと行き会った。「あんたは何をする人か」「餅売り婆だ」「私に餅を売ってくれ」「和尚、餅を買ってどうするのだ」「点心にするのだ」。そこで婆さんが訊ねた「和尚、そこにぎょうさんに持っていなさるのは何ですか」。徳山は「知らないのか、私は周金剛王だ、『金剛経』のことは何でも知っている。これはその注釈書だ」。これを聞いて彼の婆さん、「私に一つ質問があります、聞いてもいいですか」「何なりとどうぞ」。婆さん曰く「私はかつて『金剛経』を聞いた時に過去心不可得、現在心不可得、未来心不可得と言っていましたが、和尚はどの心に餅を点じようというのですか、分かるように答えてくれたら餅を売りましょう」と。聞いて、徳山は茫然自失、答えることが出来なかった。婆さんは払袖してその場を去った。徳山はこのとき「画にかけるもちひ、うゑをやむるにあたはず」と。

『正法眼蔵』には「画餅」という巻がある。ここでは画餅は真実であり、山や川を描いた画と同じだと言う。法界《ほっかい》虚空《こくう》全て画図にあらざるなしと言う。画餅は画餅としての用があり、それで腹を満たそうとするからおかしな事になるのだ。

（田島毓堂）

5

眼《がん》横《のう》鼻《び》直《ちょく》

この眼横鼻直の禅語は、卍山道白《まんざんどうはく》刊行の流通本『永平広録』第一に、道元禅師上堂の語として、最初に記されているものです。そこには、

山僧叢林を歴《へ》ること多からず。ただ是れ等閑に天童先師に見《まみ》えて、当下に眼横鼻直なることを認得して人に瞞《まん》ぜられず。すなわち空手にして郷に還る。ゆえに一毫《いちごう》も仏法無し。任運に且く時を延ぶ。朝朝、日は東より出で、夜夜、月は西に沈む。雲収て山骨露れ、雨過ぎて四山低る。

と、あります。如浄禅師の下で、仏法を体得した道元禅師は、眼は横に鼻は真っ直ぐにあるという、当たり前のことを当たり前に認得して人に瞞《だま》され無いというのです。もし、眼が鼻の下に横

たわっていたり縦になっていたり、また、鼻が眼の上であぐらをかいていたりしたら困りものです。改まって、顔を鏡に映し眺めてみると、目鼻は実に合理的にバランスよく、当たり前に有るべき所にあるものと感心します。また、「朝朝、日は東より出で、夜夜、月は西に沈む」というのも、自然の法則にかなった当たり前の現象です。

しかし、われわれの日常は、我見我執に執らわれた自我意識を中心にして生活しています。その為、当たり前のことや当たり前の現象を、自分の立場を中心にして自分勝手に認識しようとします。そのことが、当たり前でありのままの事実から知らず知らずのうちに離れていってしまい、誤った認識をすることとなります。結局、自己中心的な我見我執に振り回され、心は、右に左に揺れ動き定まらないでいます。それ故、実体のない多くの悩みや苦しみを抱え込み、迷える凡夫としての明け暮れをしているのが実情です。

それでは、迷わない確かな生活をするにはどうすればよいか。道元禅師は、我見我執の自我意識を離れ、当たり前のことを当たり前に、ありのままをありのままに認得することであるといいます。そこに、人に瞞《だま》されることのない確かな仏祖の世界があるといいます。

ところで、仏教では「如実知見《にょじっちけん》」といいます。我見我執を入れず、現実をあるがままに知見することです。知見するといっても、対象的・実体的に事物を見たり知ったりすることではありません。一切の事物は、生滅変化していて固定的実体はありません。従って、対象的・実体的に眼横鼻直や自然現象を知見すれば、そのこと自体が、既に事実そのものから外れていることになります。事実そのものから外れず、事実を当たり前であるがままに認得するには、事実と離れず一体と成り切って、実践的に事実を捕えていくことです。それには、自己中心的な我見我執の立場を離れることです。

我見我執を離れ、対象とする事物と一体であれば、右往左往しようが生滅変化の現実世界にあろうが、一体なるが故に、右往左往や生滅変化の事象から外れることはありません。われわれは、今一度「眼横鼻直、是れ眼横鼻直に非ず。眼横鼻直、是れ眼横鼻直なり」と、眼横鼻直を認得し直視せねばならぬこと切なるものがあるといわねばなりません。

（神戸信寅）

6

空《くう》手《しゅ》還《げん》郷《きょう》

道元禅師以前の入唐《にっとう》・入宋《にっそう》僧は、帰国に際して大陸の新しい経典・仏像、または文化・技術などを持ち帰るのが習いであった。それが帰朝僧としての輝かしい業績でもあったのである。

栄西はお茶の種と文化を持ち帰り、『喫茶養生記』を著して、日本に新たな風儀を加えた。この生き方も重要である。しかし、道元禅師はその方法を採らなかった。禅師は仏法を求めて万里の波濤を越えて入宋したのである。道元禅師でなくとも、他の誰かができることをするために命を懸けたのではない。その自負と、単伝の正法を我が身に付けて帰国したという自信が「何も持って還ってこなかった」ということの言葉に溢れている。

従来の渡航僧としての習いを破り、真の仏法のみを体得して帰ったことを高らかに宣言したこの言葉の思想的基盤はどこにあるのであろう。

禅の立場では、自己の本質、本来の姿は観念的・心理的問題に終始して、真理としてそこにただ成立しているというだけではなく、必ず自己との関わりにおいて修・証が伴わなければならない。万法を明確に実相として把捉できる自己を確立する作功夫《さくふう》を「参禅は身心脱落《しんじんだつらく》なり」と如浄は示す。それは、生きていることの本質、ここに現実存在していることに対して疑義を挟む余地のない確実さを証すことである。この思想が、禅師独自の凝縮された形で表現されて「自受用三昧《じじゅゆうざんまい》」となる。この一語において禅師は、正身端坐《しょうしんたんざ》すればそのまま仏の身心の現成であり、所生の世界は悟となり、その正覚は坐禅を行ずる当人をして打坐即仏法《たざそくぶっぽう》へと証人せしめ、仏の身心を現成せしめる、と開陳するのである。その嫡々相承され来った仏法の展開が、形を変えて極めて端的に、しかも独自性をもって表現されているのが、「當下認得眼横鼻直、不被人瞞便乃空手還郷。所以一毫無佛法」と記される『永平広録』巻一の上堂である。

ここに示されている眼横鼻直とは、仏法の証さえもない、何も証してはいないことが総てを証していることに他ならない、という意味になろう。自己と仏法を相対的に考えてしまえば、仏法を自己の上に証すことにはならないのであるから、この一節における禅師の意図は眼横鼻直なることを認得したのみで、いささかも仏法という自己と別なるものを証したのではないことを示すところにあったといわねばならない。何の証もない、証す必要もない自受用三昧の打坐は、逆接的には無限の証として真実絶対の揺ぎない修証となる。その自己とは鼻は真っすぐに、眼は横向きにという何等特別な存在ではない、いまの自己ということである。そのような当り前の自己の存在そのものが「証」であり、その成立は「修」に支えられている。

『永平広録』では先の一節に続いて、「朝朝日東出、夜夜月沈西。雲収山骨露、雨過四山低。畢竟如何」と記される。証すべきものはなにもなく、端坐するとき証が自から現前するというのである。道元禅師の只管打坐《しかんたざ》は、単に師に認められての展開ではない。「人に瞞ぜられず」とはまさしくそのことを意味している。師に印可証明されるまでもなく、実は印可される前から眼は横向きに鼻はまっすぐであったのである。師に眼を横向きにしてもらったのではない。元来横向きであったのである。

それ故、道元禅師にとって空手還郷でなくてはならなかったのである。

（佐藤悦成）

7 狸《り》奴《ぬ》白《びゃっ》牯《こ》却《かえ》って有《あ》ることを知《し》る

これは中国唐代の禅僧、南泉普願《なんせんふがん》禅師の示衆《じしゅ》として知られる言葉で、『従容録《しょうようろく》』第六九則などに出ております。曹洞宗門では栄西と道元の相見の折に栄西の語った言との伝もありますが、史実ではないようです。『正法眼蔵』では「行仏威儀」「三十七品《ほん》菩提分法」の巻にも見られる言句です。筆者がこの言葉に初めて出合ったのは、西谷啓治先生の『正法眼蔵講話』においてです。「三世諸仏有ることを知らず、狸《り》奴《ぬ》白《びゃっ》牯《こ》却《かえ》って有ることを知る」というのが本則全文ですが、主客転倒の不思議な言句だと思いました。「能ある鷹は爪を隠す」の箴言《しんげん》や、かの犬儒《けんじゅ》学派の理想にも通じる面がありましょうが、もう少し本文を検討してみます。

狸奴とは猫の類のこと、白牯とは牛の謂いで動物のことです（山猫と去勢した牛との説もあります）。この言句を素直に解すれば、悟りに到った諸仏のような立派な方々がそれを知らないのに、動物がよく知っていることがあるという意味です。現代風に考えてみましょう。私たち人間の感覚能力には限界があります。その一方で、他の種の動物の中にはよりすぐれた聴覚や嗅覚を持ったものがいます。例えば、猫の嗅覚は人間の数万から数十万倍、犬の嗅覚は百万倍以上とも云われますし、聴覚は犬で人間の二倍、猫で四、五倍とも云われています。とすれば、そうした動物が感知できる世界があるわけですから、動物たちの知り得て人間に知りえない存在世界があるということは明白でしょう。

また、動物は周囲の環境と切り離されておらず、環境とともに生き活動するのですが、それに対して人間は道具を使うようになって自然の束縛から解放され、また自然を対象化することができるようになりました。自然を対象化できるということはそれを容赦なく利用できるということです。そうして人間は豊かな文化生活を獲得することになったのです。しかしその代わりに、自然を直接に感じ取る能力、自然と融合する力を退化させ、自然を味わい楽しむ機会をも奪われたといわれますから、なるほどと頷けるように思われます。もっとも諸仏の能力が動物の感知能力をはるかに凌駕するというのなら、この話は成立いたしません。

ところで、三世諸仏は智愚利鈍を超越した境地におられます。他方、動物は、そうした差別さえ知らないのです。両者の間には、相い似た心境があるとしても、そこに回帰した者と、そこから出ることもなく、無意識に居り続ける者との間には、違いがあると思います。この言句は分別のある者の立場からしか、言い得ぬものでしょう。

それにしてもこの言句の要点のひとつは謙虚な気持ちです。E・レヴィナスは現象学以降の他者の問題を思索して自他の存在の類似性にではなく、両者の異質性に着目し、全く自己に属さない何者かに他者の本質を見ました。そして、そのような絶対他者性との相互関係の中で成長し、自己として完成してゆくのが人間存在なのだと考えたようです。犬猫といった動物との関係だけでなく、人間相互の関係性においても異質なものを他者として受け入れることは重要です。謙虚に他者の他者性を受容することは、現実の関係世界、仏教でいう縁起世界において自己の閉塞状態を打破する手段なのです。こうした観点からこの古き言葉の意義を考えてみるのも、自己中心的で横柄な人間の横行する現代社会においては大切なことだと思います。

（岡島秀隆）

8

回《え》光《こう》返《へん》照《しょう》

「回光返照」の禅語は、道元禅師（以下禅師）の『普勧坐禅儀』に「須《すべか》らく回光返照の退歩を学すべし」とあります。『普勧坐禅儀』は、嘉禄三年（一二二七）、禅師が宋より帰国されてまもなく撰述されたものです。同書は、釈尊が菩提樹下で悟られた時の坐禅を、歴代の諸仏が護念し護持されてきた坐禅の意義と仕方を、世間一般に普く勧める為として示したものです。

このことから、回光返照の言葉も坐禅を抜きにして考えられないものです。意味としては、仏の光明の照り返しを自己自身に現成せしめて行くことです。「退歩」は一般に進歩に対するものですが、ここでは進歩に対するものでも他に対するものでもなく、対立を絶したもの、したがって自己本来の面目を踏まえていることです。イメージ的には、自己本来の面目が仏の光明に照らされて、広大無辺な三世十方世界を究尽《ぐうじん》している事です。そんなことが実際問題としてあり得るだろうかと思うのが普通です。しかし、禅師は、生仏不二としての具体的な姿を「本証妙修《ほんしょうみょうしゅ》」

としての「坐禅」に示しております。

我々が生活する現実は相対し対立した世界です。勝ち負け、損得と、あれかこれかと比べ合いをするのが常です。対立し比較するところに進歩もあるわけですから、現実を否定することはできません。しかし、一方において、このことが飽くことなき欲望となり、争いの種を蒔き続けることとなります。そこで、対立や争いのない「回光返照の退歩を学すべし」と、その必要性を示しています。

現実生活において、相対し対立する世界を造り出す根源は我々の自我意識です。自然を見るのも自然に対しての自我です。そこには自然と自我との向かい合いがあり対立があります。その原因は自我の側にあります。人は生まれると自我に目覚め成長し、社会生活をスムーズにしていくための常識を身に付けて行きます。それ故、社会生活をするにあたって自我を離れる事は、我々凡夫には至難の業です。そこで、凡夫である我々は、仏の光明に照らされた自己本来の面目を本分とする事が求められます。換言すれば、自我を離れて仏の側より仏のペースで行くことが必要です。例えば、山に登るのに山と対峙するのではなく、山と一体となった山登りです。古くから登山の行者が金剛杖を持って、眼耳鼻舌身意の六根が清浄ならんことを念じて、「六根清浄、六根清浄」と唱えて登るのは、山に溶けこみ山と一体となって、山登りをするからです。『正法眼蔵』

「山水経」に「山是山《やまこれやま》、山是山というにあらず、山是山というなり」といった言葉があります。また、「峰の色　渓《たに》の響きも　みなながら　我《わが》釈迦牟尼の　声と姿と」（傘松道詠《さんしょうどうえい》）というのも、自然や山に親しむこと切なるからといえます。

現代は、グローバル化の時代といわれています。国々により生活様式や文化、価値観等も多種多様です。そういった異文化や価値観に対して、理解と認識、寛容と柔軟心とが求められます。自然界には生物無生物を問わず、多くのものが共存しているし、人間もその一部です。争いを止むには、自我への執着を離れ、仏の光明の照り返しの側、そして自然の側、相手の側から自己本来の面目を現成する為に尽力することが望まれます。

（神戸信寅）

第七章

真実の自己――己事究明《こじきゅうめい》

1

本《ほん》来《らい》の面《めん》目《もく》

唐末の禅匠、瑞巌寺の師彦《しげん》は、常日頃ひたすら坐禅に精進していましたが、まいにち大声で「主人公」と自分に喚びかけ、「はい」と返事をしていたといいます。さらに、「目をさましているか」、「はい」、「人にだまされるなよ」、「はい」と自問自答するのがつねであったと伝えられています。

「主人公」とは、一見、個としての人間を思わせることばですが、禅では「本来の自己」、「本来の面目」のことを意味します。自己本位の生き方を一歩突き破って、揺るぎない生き方を確立することをいいます。

現今の複雑多岐にわたる社会の現実のなかで、わたしたちは、ややもすれば人間性を失って不安のなかに埋没してしまいがちです。近代文明の繁栄は、一度はわたしたちに人類福祉の夢を約束しましたが、この二百年の間に、すでにそれは幻影と化して、地球的規模の不安を増幅しつつあります。このような現実を克服する道はいろいろ考えうるわけですが、人間が自己本位の欲望に根ざす生き方にとどまる限り、根本的な解決にはなりません。どうしても〝自己の究明〟という課題に取りくまなければなりません。

「仏道をならふといふは自己をならふなり。自己をならふといふは自己をわするるなり。自己をわするるといふは万法《まんぼう》に証せらるるなり」（道元禅師）ということばはこの消息をあますことなく伝えています。我欲《がよく》・我執《がしゅう》を離れ、自他の対立を越えた天地一杯にみなぎる生命に生きることが、禅のめざすところであります。

（中祖一誠）

2

脚下照顧《きゃっかしょうこ》

参拝した寺院の玄関先で「脚下照顧」あるいは「照顧脚下」という看板を目にしたことがあるでしょうか。脚下とは足元、照顧は用心する、注意するという意味から「履物をきちんと揃えましたか」という注意書きですが、他により深い意味もあります。

脚下は「本来の自己」とも譬えられ、「自己反省」という意味としても使われます。修行者が外界にばかり悟りを求めていることに対し、自己の本質に目を向けなさいと戒めた言葉であります。

私たちは他人の足元にはよく気が付きますが、自身の足元は疎《おろそ》かになりがちです。他人に向ける目を内に向けることによって、自分の今までの行為が見直され、今後この反省を生かして生活をおくることができます。まず、自己を知ることによって、今までの私自身を見直すことができます。つまり、自分を疎かに扱わないことが、新たな発見につながっていきます。

南北朝時代に日本、中国の禅僧を参歴した孤峰覚明《こほうかくみょう》禅師という人物がいました。ある時、一人の僧が覚明禅師に「禅の神髄《しんずい》(祖師西来意)とはどのようなものですか」という質問を投げかけると、彼は「照顧脚下」と答えました。また、道元禅師は『永平初祖学道用心集』の中で「仏道は人々の脚跟下《きゃっこんか》なり」と記しています。つまり、仏道(禅の神髄)とは高遠な場所にあるのではなく、自分の足元にあるものだといっているのです。

「燈台下暗し」という諺があるように、私たちは近くにあるものほど見落としがちです。行き詰った時や心に余裕を持てなくなった時は、「脚下照顧」と自分に言い聞かせ、足元を見つめ直してはどうでしょうか。

(山端信祐)

3

擔《たん》板《ぱん》漢《かん》

大食漢とか、無頼漢とか世の中には「〇〇漢」という言葉が沢山ある。好漢、熱血漢は良い意味にとれるが、暴漢、悪漢、痴漢、門外漢など、あまり良い印象を与える言葉が少ないというのは思い過ごしだろうか。ここでの「漢」という字は「おとこ」を意味する。

禅語にも風顛漢《ふうてんかん》とか、草裏漢などがある。「擔板漢《たんぱんかん》」という言葉そのものの意味は、「板をかついだ男」というほどの意味である。禅語としては「一方向きで、広い視野に立てない者」の意である。少しシニカルな眼で見ると、きっとこの男は自分の生業や主義主張を書き込んだ看板を抱えていて、どこかの街の喧騒の中でキョロキョロと、まるで自分の抱えている看板を忘れてしまったかのように、あたりに気を取られている。すれちがう周辺の人々は、ときどき彼の脇の間から見える看板の文字を眺めて、「ああ、こいつは会計士なんだ」とか、「時計屋なんだ」とか「自信家の教条主義者だな」とか知れるけれど、当の本人は周りにばれていることにも気づかない。

人間はとかく比較分類したがる生き物である。そうした本能習性を持っている。そして、それが人間の世界認識を大いに助けているのも確かである。だが、いつも一番解らないのは自分自身である。板をかついだ男の姿は、その意味で人間一般を風刺的に表現しているといえる。一方禅は「己事究明《こじきゅうめい》」を本道とする。それは一番不可解なものの探究である。その過程であらゆる偏見や先入見、我見が否定されると同時に肯定される。そういうものを持った人間としてのありのままの自分を受容するわけである。このときはじめて、担いでいる看板の重みをズシリと感じつつ立っている自覚的人間がそこにある。

（岡島秀隆）

4 随処作主立処皆真（随処《ずいしょ》に主《しゅ》となれば立処《りっしょ》みな真《しん》なり）

この言葉は、『臨済録《りんざいろく》』に出てくる臨済義玄《ぎげん》（？～八六七）の言葉で、「随処に主となれば立処みな真なり」と読みます。

「随処」は、日常生活における何時《いつ》・如何なる時や場所などのことをいいます。「主」とは、他人にも自分にも束縛されることのない自在無礙の人のことで、臨済義玄がいう「無位《むい》の真人《しんじん》」「主人公」のことをいいます。「無位の真人」とは、何ものにもとらわれることのない真に解脱した人をいいます。「主人公」とは、全ての人間に本来具わっている仏性・如来蔵・本来の面目のことをいいます。

「立処」とは、今現在立っている処、すなわち行・住・坐・臥（四威儀）の日々の生活の瞬間・瞬間の存在の仕方をいいます。「真」とは真実のことで、我々が住む世界は、常に刹那生滅を繰り返し、現象変化します。仏教ではその在り方を真実として捉えます。「諸法実相」ともいい、真実世界は我々の思考と関係なしに顕現していることをいいます。現象世界の真実に我々の思考を融合させることをいいます。

人間は何時・如何なる場所であっても、本来仏としての主体性を失わず、自在無礙《むげ》の生き方ができれば、日々が真実そのものの生き方となり、生きるということが、真実を開顕して生きることになる、というものです。

混迷した現代社会は、多様な価値観によって生き、我々を何時しか迷界に誘導します。そのような価値観に迷うことなく、縁あって人間として生まれた唯一の目的は、真実を開顕するためであることを決して忘れてはなりません。

（大野榮人）

5

乾《かん》屎《し》橛《けつ》

床の間の掛け軸。そこにはしばしば禅匠達の言葉が揮毫されています。けれども、掛け軸に記されることのない禅語もあります。「乾屎橛」はその代表格と言えるでしょう。日本語に直せば「糞かきべら」、つまり、排便の後でお尻を拭く小さな木片です。

十世紀頃の中国で、雲門文偃《うんもんぶんえん》が修行僧から「仏とは何か」と尋ねられました。それに対する答えが「乾屎橛」でした。彼は問答の際に、人々の意表を衝く言葉を用いたことで有名ですが、その中でもこの問答は異彩を放っています。

それにしても、乾屎橛が「仏」とはどういうことでしょうか。「仏」と言えば、まずは釈尊が思い浮かびます。無論釈尊が乾屎橛であるはずはありませんが、仏教では釈尊の説いた教えも「仏」と呼ばれます。そこでこの教えを糸口に考えてみましょう。

釈尊はあらゆるものを分け隔《へだ》てせず、同じように接する「同事《どうじ》」の教えを説きました。つまり、浄不浄や優劣、貴賤等の区別を認めない姿勢です。それ故、乾屎橛を不浄とみなして嫌悪してはなりません。この視点は重要です。しかし、「仏」の境地では、見る者と見られる者が一体になることが求められます。そうなると、この解釈では不十分です。

そこで、今度は乾屎橛の立場に立ってみましょう。あらゆる区別を離れることは、目の前の対象に好悪の感情を抱かず、我執や欲望から離れることを意味します。釈尊は、欲望という名の悪魔を降《くだ》して「仏」になりました。つまり、「仏」は欲望から離れた存在でもあります。このことは、仕事の選り好みをせず、自分の役割に専念し、何の報酬も求めない姿勢につながります。それならば、お尻の選り好みをせず、お尻を拭く仕事を黙々とこなす乾屎橛は、「仏」に近いと言えるでしょう。

でも、その境地に至るには、自分に絶対の自信がなければなりません。そのためにはどうすればよいでしょうか。

一枚の乾屎橛が作られるには材料となる木が必要です。その木が育つには大地や空気や水の助けが必要です。さらに、その木から木片を切り出す人間、お尻を拭くために木片を使う人間、使用済みの木片を土に戻すバクテリア等々。乾屎橛は過去、現在、未来の様々なものに助けられて存在しています。しかも、そのものたちも、他の無数のものに支えられています。このように、一枚の乾屎橛は世界のあらゆるものを結ぶ網の目の中心に位置しています。いわば、乾屎橛は世界の中の「主人公」なのです。だから、それは自らのあり方を恥じたり、余分な欲望を抱き、それが叶えられないといって嘆く必要はありません。つまり、あらゆる苦しみから離れた状態。これこそ「仏」の境地です。

雲門の弟子の洞山守初《とうざんしゅしょ》は、「仏とは何か」と尋ねられて「麻三斤《まさんぎん》」と答えました。これも同様の話ですが、「乾屎橛」の迫力にはかないません。また、近年では「乾屎橛」は乾燥した棒状の糞そのものだという解釈が有力になりました。そうなると、常識の打破を目指す禅語としても、「糞が仏だ」という言葉は強烈です。とても、床の間に収まる代物ではありません。しかし、その中に「汝は乾屎橛に負けない生き方をしているか」という問いかけを読み取れば、それは毒気を含みつつも、凡人へのユーモアあふれる励ましとなるのではないでしょうか。

（木村文輝）

6 天《てん》上《じょう》天《てん》下《げ》唯《ゆい》我《が》独《どく》尊《そん》

禅語とは何か。その定義を「禅僧の言葉」とするならば、この言葉は「禅語」とは言えないかもしれない。しかし、「仏教の極意を伝える言葉」とすれば、これはまさに「禅語」にふさわしい。

天上天下唯我独尊。釈尊が誕生直後に発した言葉と伝えられている。だが、いかに釈尊といえども、生まれたばかりでこのような言葉を語ったとは思えない。また、この伝承自体が、古い仏典には記されていない。つまり、この話は後世の人々の創作と言わざるを得ないのである。

では、なぜこのような伝承が生まれたのか。そして、この言葉をどのように解釈したらよいのだろうか。ある人は、この言葉は成道《じょうどう》直後の釈尊が、「自分に師匠はいない。自分こそが最高の師匠である」と語ったという記録にもとづいていると考えている。歴史的にはそのとおりかもしれない。

けれども、それだけの理由であれば、この言葉を仏教徒達が長年にわたって大切に伝えることはなかったであろう。

この一句を理解するために、私は釈尊の遺言に注目したいと思う。「自らをたよりとして、他人をたよりとせず、法（真理）を拠り所として、他のいかなるものをも拠り所としない」という、いわゆる「自灯明《じとうみょう》、法灯明《ほうとうみょう》」の教えである。私達が暗闇の中を進む時、その道を照らす灯火が必要となる。それと同様に、未来に向けて歩み続ける私達は、自らと真理を拠り所にせよという教えである。

私達は、日々の生活を送る中で、常に様々な選択を迫られる。朝食に何を食べるかに始まり、その選択は数えきれない。そうした中で、時には人生を決する重大な岐路に立つこともあるだろう。その時、人は自らの決断を下すために、両親や先生、友人等、様々な人に相談するだろう。しかし、誰に相談しようとも、最後は自分で決断しなければならない。そして、決断した以上、その責任は自分で負わなければならない。他人に責任を転嫁したところで、それによって生じる楽苦は、自分が引き受けるしかないのである。

つまり、何らかの決断を下す際に、最終的な拠り所となるのは自分しかないのである。それ故に、「自らをたよりとする」ことが必要なのであり、「天の上にも天の下にも、私自身が決断を下すための最終的な拠り所としては、唯だ我れ独り尊い」ということになるのである。

けれども、たとえ自らが決断を下すとしても、それが独りよがりのものであってはならない。判断を下すためには、様々な情報に接し、多くの人の助言に触れながら、できる限り客観的、総合的な視点を持つことが不可欠だろう。それが、「法（真理）を拠り所とする」ということである。

さて、このように解釈するならば、釈尊はその生涯の最初と最後に、同じことを語っていたことになる。そうだとすれば、私達はそこに、この言葉を伝えてきた仏教徒達のメッセージを読み取ることができる。すなわち、釈尊の教えの核心は、自らが信頼できる自己、自らにとって最終的な拠り所となるべき自己を常に養っておくことを説く点にある。私達は誰もが自らの一生を生きている。それ故に、誰もが自己を大切にしなければならない。この点にこそ、仏教の説く「いのちの尊厳」が存すると言うことができるであろう。

（木村文輝）

第八章

いまを生きる

――時《じ》節《せつ》因《いん》縁《ねん》

1

時《じ》節《せつ》因《いん》縁《ねん》

曹洞の老古仏、大智《だいち》禅師の残した「偈頌《げじゅ》」の中に「筍」と題する絶句があります。

万物生成自有時（万物生成自ら時有り）
叢林不管著鞭遅（叢林は管せず鞭を著くること遅きを）
春風一夜生頭角（春風一夜頭角を生じ）
生立莫非龍鳳児（生立して龍鳳児に非ざることなし）

あらゆるものが成長するには自ら時節の到来する因縁があって、いたずらに作為的なてだてなどのはからいは一切無用である。僧堂で修行する雲水（筍）は、みなそれぞれに自ら成長していくものであるから、修行の達成の速い遅いことなどは、ことさらに意に介する必要はないことだ。

ひとたび春暖の時を迎えると、すべての筍は一夜のうちに頭を出して、堂々とひとり立ちをして素晴らしい竹（龍鳳）に成長して屑などはひとつもないものだというのがこの詩の趣旨であります。

しかし、ここには重大な陥穽がひそんでいることに注目する必要があります。何の努力もしないままに、筍が龍鳳に成長することをいっているのではありません。すべての筍が、自立への営みを厳冬のなかで倦《う》むことなく続けていることが前提となっているとみなければなりません。

古仏道元は、「仏性を知らんとおもわば、知るべし時節因縁これなり。若至《にゃくし》というは、すでに時節至れり」といっています。これは、仏性を明らめる時がいつかやってくるだろうと待つことではありません。〝時節若至〟というのは、〝時節既至〟ということです。つまり、〝いま〟というこの瞬間に自分の全生命を投げいれることが、そのまま仏性の現前ということになります。

（中祖一誠）

2

吾常於此切
（吾《わ》れ常《つね》に此《ここ》に於《お》いて切《せつ》なり）

洞山良价《とうざんりょうかい》の代表的な教えとして、「吾《わ》れ常《つね》に此《ここ》に於《お》いて切《せつ》なり」があります。これはある僧が洞山に(※)「法身《ほっしん》・報身《ほうじん》・応身《おうじん》の三身の中で、どの身が法を説くのですか」と尋ねた時に、僧が三身という言葉の概念化に陥らないように、洞山が仏法の端的を示した語とされます。

道元禅師も『正法眼蔵』「神通」の巻で、

「不染汚《ふぜんな》といふは、平常心《びょうじょうしん》なり、吾常於此切《ごじょうおしせつ》なり」

と洞山の語を引用し、徹底親切の意味として用いております。

洞山の説法で「洞山寒熱不到」の話がよく知られております。ある僧が洞山に「今日はこんなに暑いのですが、いったいどこに逃れたらよろしいでしょうか」と尋ねます。洞山は「寒さ暑さがこないところに逃れろ」と答えます。すると僧は「どこが寒さ暑さのこないところですか」と再び尋ねます。そこで洞山は「寒い時はおまえさんをとことん震えさせ、暑い時はおまえさんをとことん蒸し上げればよい」と答えます。

ここは原文では「寒時は闍梨《じゃり》を寒殺し、熱時は闍梨を熱殺す」となっており、「殺」の語も「親切」「なり切る」を意味します。洞山の真意は、寒暑の至らぬところはない。寒暑を厭い嫌うことなく、寒暑を受け入れ、寒暑と親しくなることが、実は寒暑を逃れる最善の道であるということです。

このことは良寛さんが親友の地震見舞いに送った、

「災難に逢ふ時節には災難に逢ふがよく候、死ぬ時節には死ぬがよく候、是はこれ災難をのがるゝ妙法にて候」

という手紙にも通じます。

大自然がもたらす災難は、時にはなす術がなきこともあります。そんな時、悲しみに落胆してばかりでは、解決の糸口は見出せません。現実の災難や死を冷静に受け止め、今できる最善の道は何かと問い続け、ひたすら前向きに進むことが、災難・死になり切る生き方であり、そこから苦難を乗り越える勇気と力、そして叡智が湧き起こります。そのことが洞山が示した、仏道になり切った真実人の姿でもあります。

（菅原諭貴）

※仏身を真如そのもの・修行の報い・衆生済度の仏の三種に分類したもの。

3

日《にち》面《めん》佛《ぶつ》月《がち》面《めん》佛《ぶつ》

中国唐代の馬祖道一《ばそどういつ》禅師は禅宗第八祖である。馬祖は当時石頭希遷《せきとうきせん》禅師とともに二甘露門《かんろもん》と称せられている。この言葉は禅師八〇歳、最晩年のものである。「馬祖不安」と題される公案として知られ、『碧巌録』第三則、『従容録』第三六則、『永平頌古』にも取り上げられている。「不安」とは病になることである。この言葉は馬祖大師が病に伏せられていた折に、寺の執事が見舞いに来て調子を尋ねたときの返答である。

『仏説仏名経《ぶっせつぶつみょうきょう》』第七によると、日面佛《にちめんぶつ》の寿命は一八〇〇歳、月面佛《がちめんぶつ》の寿命は一日一夜だそうである。この経によれば、あまたの世界の一日一夜の長さは同じではなく、また、そこに住する仏の寿命も異なるのである。それでは、この馬祖の言葉の真意はどこにあるのだろうか。ある者は、それは日面佛月面佛のように、すべてのものの寿命には長短があるのだが、それを気にしていても始まらないのであって、「泰然自若《たいぜんじじゃく》としてあれ」との説示であり、馬祖の最晩年の境涯を見事に表した一句であると考える。それも一理はあるが、この返答には、それを受け取る者にさらに深く突き刺さるところがある。

道元禅師の『正法眼蔵《しょうぼうげんぞう》』「一顆明珠《いっかみょうじゅ》」の巻には「日面月面は往古より不換なり」という言句がある。そこでは日面と月面は交換不可能なもの、太陽は太陽として、月は月としてそれぞれの光明を放つものとして理解されている。それはそれぞれの古仏がそれぞれの光明を放つということである。馬祖もまた、独自の光彩を放つ祖師である。「仏の寿命もそれぞれではある。しかし、寿命の長短もさることながら、私は私、君は君なのだ。私は私のかけがえのない命を生きている、君は君の命を大切に生きよ」と様子を気遣う院主に応えたのかもしれない。死を前にして、それを受容しきって、自らの而今《にこん》を生きる馬祖大師の心境が伝わってくる。

（岡島秀隆）

4 前《ぜん》後《ご》際《さい》断《だん》

以前、NHKで大本山永平寺の七十八世貫首宮崎奕保《えきほ》禅師の特集が放映された。「永平寺百四歳の禅師」と題し、宮崎禅師を通して禅とは何か、人が生きる道とは何かを探った番組で、好評のため何度も再放送されDVDにもなっている。しかし、禅師は平成二〇年一月五日に、百八歳で長い人生に幕を閉じた。

私はこの特集が大変印象深く、今なお強く心に残っていることがある。その一つは、禅師が自分の師僧のことを語っておられたことである。禅師の師僧は八〇歳になっても雲水修行僧と同じものを食べ、同じ生活をしており、日常の生活が手本であられた。口だけでなく実行で示された師僧であった。自分も師僧のような坊さんになりたいと思っていたそうである。

そこで、禅師は師僧の真似をしようとされた。それは「学ぶ」ということが「真似る」ことに由来しており、一日真似すれば一日の真似、二日ならば二日の真似、ところが、一生真似しておれば、真似が本物になると語っている。師僧の行うことを真似て覚えて実行する、それが自分のものになった時、まさしく学んだことになり、本物となるのである。

歌舞伎や芝居など伝統芸能といわれるものはことにそうである。幼少時から芸事を仕込まれる。子供に理屈で教えても理解できるものではない。親や師匠の行うことを真似させ、覚えさせる。それが自分のものになった時、やっと一人前になるのである。過日、市川海老蔵の襲名披露の歌舞伎をみた。当時の海老蔵の所作には若さがみえたが、堂々とした口上、演技はさすがであった。父親の市川団十郎の真似から本物の海老蔵の歌舞伎になったのである。

次に印象深いことは、対談者である作家の立松和平氏が禅師に「坐禅している時は、何か考えたりしているのですか」と質問した。すると禅師は、毅然として「何にも考えない。考えないけれども、何だか色々なものがうろうろしておる。しかし、大切なのは妄想せんことだ。いわゆる前後際断だ。その時、その時、一息一息しかないんだ。何か考えたらもうそれは余分だ。体をまっすぐにして、一息一息、まっすぐに坐る。」と答えられた。

「前後際断」は、道元禅師が『正法眼蔵』「現成公案《げんじょうこうあん》」に「たき木、はひとなる、さらにかへりてたき木となるべきにあらず。しかあるを、灰はのち、薪はさきと見取すべからず。しるべし、薪は薪の法位に住して、さきありのちあり。前後ありといへども、前後際断せり」と説く。たきぎは燃えて灰となるが、逆に灰がたきぎにはならない。しかし、灰は後、たきぎは前と考えるのではなく、たきぎはたきぎという存在で、たきぎの現在の中に過去も未来も含まれている。灰も灰という存在で、灰の現在の中に過去も未来も含まれている。つまり過去も未来も現在の中に包含されたもので、現在から切り離された過去や未来は幻想にすぎないのである。そのため過去を引きずらず、未来にとらわれずに、今を一所懸命に生きることが、「前後際断」である。

二〇一五年の流行語大賞を受賞した予備校の先生が受験生に「何をやるべきかがわかったなら、いつ走り出すのか」と尋ね、自ら「今でしょ！」と答えている。これも前後際断である。だからこそ、今を大切に、今すべきことに絶え間ない精進をせねばならないのである。

私は宮崎禅師の「真似る」ことと「前後際断」の言葉から改めて禅の教えを学んだのである。

（川口高風）

5 一期《いち》一《ご》会《いち》《え》

これは、トム・ハンクス主演の映画「フォレスト・ガンプ」のサブタイトルになったこともあり、数ある禅語の中でも特に有名で、誰もが一度は耳にしたことがあるであろう。この映画は、主人公フォレスト・ガンプが人より知能指数は劣るが、純真な心と周りの人々の支えによって数々の成功を収めていくヒューマンドラマである。「人生はチョコレートの箱、開けてみるまで分からない」という母親が臨終の際に話した台詞が話題となり、『アメリカ映画の名セリフベスト一〇〇』においても四〇位となっている。ガンプと、彼に大きな影響を与えた人々との出会いと別れは、まさに「一期一会」を感じさせるものであった。

「一期」とは、人が生まれてから死ぬまでの期間で、人間の一生を意味する。「一会」はただ一度の出会いのことである。そこから、一生のうちに一度しかない出会いのことをいう。

この言葉は、『山上宗二記《やまのうえのそうじき》』に書かれている「茶湯者覚悟十体《ちゃのゆものかくごじったい》」に、「露地へ入ルヨリ出ヅルマデ、一期ニ一度ノ会ノヤウニ、亭主ヲ敬《うやま》ヒ畏《かしこま》ルベシ」という千利休の言葉があり、元は茶道から生まれた言葉で、茶会における心構えを説いたものであろう。

さらに、井伊直弼が『茶湯一会集《ちゃのゆいちえしゅう》』に「抑《そもそも》茶湯の交会《こうかい》は一期一会といひて、たとへば幾度同じ主客交会するとも、今日の会に再びかへらざる事を思へば、実に我が一生一度の会也」と述べていることから茶道の世界にも広まった。これは、今日と同じ茶会は二度とないと心得て、主客ともに心を尽くすべきであるという意味である。たとえ、家族や友人、職場の仲間など毎日顔を合わしている人であっても、言葉を交わすその瞬間の出会いは二度と訪れることはない。そうしたいつでも会えると思っていた人と突然に会えなくなることがある。

「会うは別れの始め」ということわざがあり、仏教には「会者定離《えしゃじょうり》」という教えがある。これは、『仏遺教経《ぶつゆいきょうぎょう》』という釈尊最後の説法が収録された経典に記されているが、出会う者は必ず別れのあることを説いた言葉である。近年、地震や土砂災害、火山噴火などの自然災害が多く発生している。さらに、交通事故や急な病気など無常な世の中では、老若男女を問わずに別れはいつ訪れてもおかしくない。急な別れでなくても人は一秒ごとに死へと近づいている。永平寺の大庫院《だいくいん》(台所)には大きなすりこぎ棒がかかっており、「身を削り、人に尽くさんすりこぎの、その味知れる人ぞ尊し」とうたわれている。このすりこぎは、言い換えれば自分と会ってくれる相手と同じではないだろうか。

「一期一会」は、度々会う人にではなく、普段会えない人と接する時に「この出会いは一期一会ですね」というように使うことが多い。度々会う人であれば、それが当たり前に思い貴重な時間とは感じないであろう。初めて会う人だけでなく、毎日会う人であっても今の出会いが最後かもしれない。したがって、その時々の出会いが素晴らしいものであることがわかるのである。

（川口高裕）

第九章

悟りの風《ふう》光《こう》——偏《へん》界《がい》不曽蔵《かつてかくさず》

1

春《しゅん》風《ぷう》高《こう》下《げ》無《な》く、花《か》枝《し》自《おのず》から長《ちょう》短《たん》

春風駘蕩《しゅんぷうたいとう》の佳い季節、野山は生き生きとした装いを鮮やかに繰り拡げています。薫風は万物をまんべんなくやさしく撫でています。山の古木の枝葉は、さきを競って、あるいは長く、あるいは短く、思い思いに伸びております。山肌に映える草花は、紅く、黄色く、そして緑色にさまざまな色合いで無上の美的世界を精一杯に彩り、余すところがありません。

ところが、わたしたち人間には、六感といわれるやっかいな感覚器官が具わっております。眼耳鼻舌身意という六つの器官がそれです。これらはさまざまな状況のなかで、より好みをして外界を捉えるのを習性としております。この花は美しくてあの花は美しくないとか、この香りは好ましくてあの香りはそうではないとかいって、より好みをしてしまいます。

しかしながら、どの器官も例外なしに、好ましい色や香りとともに、好ましくない嫌な香りや汚い色を受け入れないわけにはいきません。このより好みは、ある意味では人間の世界だけに通用するわがままであるということができます。

その意味で、いま、自然の世界はいたって正直です。万物は生まれながらにして調和していて、不具合というものが全くありません。いま、自然との共生ということが流行していますが、人の側の勝手な都合で〝共生〟がいわれるとしたら、これは人間のわがままということになります。

「春風高下無く、花枝自から長短」という一句のなかに、調和の世界を読みとることが大事です。

（中祖一誠）

2 明《めい》歴《れき》々《れき》露《ろ》堂《どう》々《どう》

「明歴々」は『永平広録』巻四にあり、明も歴々も共にあきらかな状態という意味です。「露堂々」は『永平広録』巻八と『信心銘拈提《しんじんめいねんてい》』に出ています。露は現れる、堂々はつつみかくしのない様を表し、「露堂々」とは、全体がはっきりと顕れて、その様子が立派であることを意味します。つまり「明歴々露堂々」とは、はっきりと現れた姿こそが真理の現れであるという教えです。

私たちは、「真理」を手の届かないところにあるものと考えてしまいます。しかし、中国の馬《ば》祖道一《そどういつ》禅師は「心そのものが仏である（即心即仏《そくしんそくぶつ》）」といい、南泉普願《なんせんふがん》禅師は「日常変わらず持っている心こそが仏道である（平常心是道《へいじょうしんぜどう》）」と言っています。つまり、真理とは高遠なものではなく、自己の内に秘められたもの、身近なところにあるものなのです。

道元禅師は「峰の色谷の響も皆ながらわが釈迦牟尼の声と姿と」と詠っています。詩の中で真理とは、身近なものすべてが仏の化身であり、眼前に現れているその形であることを表現しています。また「春は花夏ほととぎす　秋は月冬雪さえてすずしかりけり」という四季の景物を列挙し、移ろいゆく自然の様子を詠った詩があります。これは自然と人間のありのままの姿をあらわした「明歴々露堂々」を詠った詩となっています。

私たちは大自然に触れることによって、心の落ち着きやその雄大な景色に見とれることがあるかと思います。自己が自然に魅せられた真理を無心に眺めることで、真理と自己が一体になろうとしているからではないでしょうか。その時こそ、一切の迷いのない状態「明歴々露堂々」の境地なのです。

（山端信祐）

3 滴《てき》丁《てい》東《とう》了《りょう》滴《てき》丁《てい》東《とう》

この句は、道元禅師の正師如浄《にょじょう》禅師が、建康府（杭州）清涼寺住職時代の作で「風鈴の頌《じゅ》」と称され、『正法眼蔵』や『永平広録』に所載する「七言絶句」の「頌」の一部です。

「渾身口に似て虚空に掛かれり、問わず東西南北の風、一等に佗《た》の為に般若を談ず、滴丁東了滴丁東（チチントンラ　チチントン）」（『正法眼蔵』「摩訶般若波羅蜜」）

（訳）「あたかも全身が口のように虚空《こくう》に掛かり、東西南北を問わず吹く風は、等しく般若の智慧（空《くう》）を人びとに語っている。滴丁東了滴丁東（チチントンラ　チチントン）と。」

この禅語をめぐり、留学中の道元禅師が如浄禅師作の「風鈴の頌」に感銘し、両者が肝胆《かんたん》相照《あいて》らしています（『宝慶記』三三・三四）。「虚空」の語句に関し、一般の解釈は「青天（虚空色）」ですが、真実は「般若の智」であること。道元禅師は、当該頌を「最高中の最上」と評価し、如浄禅師は、その力量を「抜群の気宇あり」とし「有眼（道眼）」の士と認めています。
後日、道元禅師は、正師の「頌」と並べ、次のようにご自分の「頌」を添えています。

「渾身是の口虚空を判ず、居起す東西南北の風、一等に玲瓏として己の語を談ず、滴丁東了滴丁東」（『広録』巻九―五八）
（訳）「全身が口そのもの・虚空となっていることが判り、東西南北のあちこちから吹きわたり説いている。それが周囲に等しく金属製の玉が美しく鳴り響いている。チチントンラチチントン。」

と。風鈴の音色を般若（智・空）と見抜ける力量がすばらしいですね。

（吉田道興）

4

一切衆生悉有仏性《いっさいしゅじょうしつうぶっしょう》

すべての人間に仏性（仏となる可能性）があるが、それは心の汚れに覆い隠されている。その汚れを取り除くならば、かの永遠不変の仏性が輝き出る、という説明は日本においてしばしば聞かれる。そのような考え方は如来蔵《にょらいぞう》思想と呼ばれてきた。この考え方の根拠の一つとなったのが、中期インド大乗経典『涅槃経《ねはんぎょう》』に幾度も見られる「一切衆生悉有仏性」（すべての衆生〈すなわち人間〉にはことごとく仏性がある）という表現であった。

仏教は元来、永遠不変の仏性などの存在は認めてこなかった。如来蔵思想の萌芽はすでに三世紀頃のインドに見られるが、その後、この思想は中国・日本の仏教の中心的な考え方になったといっても過言ではない。如来蔵思想にあっては「仏性」と「如来蔵」（タターガタ・ガルバ）とはほとんど同意義であるが、「如来蔵」は次のように三様に解釈されてきた。

①如来の胎児（ガルバ）
②如来を胎児として宿す者
③如来を根底として有する者

である。これら三者はすべて衆生を指している。第三の意味は、衆生が如来という基盤の上に存在するという意味で「如来を根底とする」と考えられている。例えば、大海における飛沫のようにである。しかし、第三のような意味は仏教において伝統的なものではなく、ヒンドゥー教の影響であろう。

道元禅師はかの『涅槃経』の文句を『正法眼蔵』において引用しているが、かの句を「一切の衆生なる悉有（すべてのもの）は仏性なり」と呼んだ。彼は『涅槃経』が仏教の本流からずれていることを知っていたと思われる。

（立川武蔵）

5

偏界不曽蔵

（偏《へん》界《がい》曽《かつ》て蔵《かく》さず）

この禅語の「偏界（遍界とも書く）」とは、あまねく広がりわたっている世界・宇宙のこと、仏教語では「三千大千世界」とか単に「三千世界」と称し、一人の仏が人びとを教え救う範囲を指しています。後の句「曽《かつ》て蔵《かく》さず」とは、その世界において、今まで真実や真理を包み隠したことは一度もない、いつでもどこでも誰にでも、真実はあるがまま現われ通しである。ところが、われわれ多くの人間は、それに気がつかずにいる、というほどの意味です。

これは、中国唐代の禅僧石霜慶諸《せきそうけいしょ》（八〇七〜八八八）の語った語句として『景徳伝灯録』巻一五「石霜慶諸章」中の文中、末尾にあります。現代語に訳すと次の通りです。「石霜和尚が、住職の部屋（方丈）にいた時、ある僧が、明るい窓の外から問いかけました。すぐ近くにいるのに、どうして先生を見つけられないのでしょうか。石霜が答えました。わたしは、ここにいる。隠れているわけではない（偏界曽て蔵さず）」と。

この禅語は、道元禅師著『典座教訓《てんぞきょうくん》』中、阿育王山の典座和尚と天童山で再会した時に交わした問答の中にもあります。禅師が修行のあり方とは何かと尋ねると、和尚が「偏界不曽蔵」と答えています。この場合の意味は、主に禅寺における修行中、手足の上げ下ろし、食事や労働などにもすべて真実が散りばめられている。それらをしっかり見とどけ、身につけることが肝心であると説いているように解されます。

同様の禅語に「山河並びに大地、全て法王の身を露わせり」（『普灯録』巻二五）があります。この大意は、「山河大地である自然界の様相は、すべて生前の仏陀が人びとを救って御身〈色身仏〉が転じ、仏陀の自性である法王身〈法身仏〉が現われたものであり、真実や本物などは、いつもどこでも我われのそばに現れている」というものです。

また道元禅師の和歌と伝えられる「峰の色、渓《たに》の響きも皆ながら、わが釈迦牟尼の声と姿と」（「題法華経」詠歌の一）という作品も、この禅語と共鳴するものがあります。山の峰を釈尊の姿、谷川のせせらぎの音を釈尊の「説法」と受け止めているのです。

この和歌の典拠は、中国宋代の文豪蘇軾《そしょく》〈東坡居士〉（一〇三六～一一〇一）の詩句「谿声《けいせい》は便《すなわ》ち是れ広長舌《こうちょうぜつ》、山色はあに清浄身に非《あら》ざらんや、云々」（『続伝灯録』巻二〇「東坡居士蘇軾伝」）に由来するものです。この意味は、谷川のせせらぎは釈尊の説法〈広長舌〉であり、山峰は釈尊のお姿〈清浄身〉そのもの」というもの。

このような志向は、仏教者、中でも禅者が目指す釈尊の菩提樹下における大悟の基層にある「瞑想」に由来するものです。

ところで洋の東西を問わず科学者や研究者たちが、永い期間、天体の動き、自然界の様子の観察や実験を繰り返し、いろいろの法則や原理・原則などを発見し、人類に寄与・貢献されてきました。その方向性や内容は多少異なりますが、その過程に何か一脈通ずる面があると思われます。

現代の我われは、目先の物ごとに追われ自然と接する機会が少ないと思われます。せめて天空の星々や大地の草花に目をとめ、それらと「対話」し、物想いにふけったりする時間を工夫して設けたいものです。


（吉田道興）

6 渓《けい》声《せい》山《さん》色《しき》

春は花　夏ほととぎす　秋は月　冬雪さえて　涼しかりけり

道元禅師のこの歌は、川端康成氏がノーベル文学賞の授賞式典で紹介されたことで広く知られることになった。春は花が美しく、夏はホトトギスの鳴き声がよい。このように、表面的には四季の美しさを表現しているこの歌に、道元禅師は「本来の面目を詠ず」という題を付している。つまり、仏法の真理がここに示されているというのである。

釈尊の悟りの根本は縁起の思想だと言われている。縁起とは、様々な原因に縁《よ》って、様々な結果が起こるということ。春、暖かくなると草花が芽吹き、虫が活動を始める。秋には空が冴えわたり、月の美しさは一層際立ったものになる。世界中のあらゆるものが相互に結び付き、互いに影響を与えながら存在し、それ故に、あらゆるものが一瞬たりとも止まることなく変化し続けている。仏教では諸行無常と呼ばれるこの真理を、それぞれの季節を代表する美しいものによって詩的に表したのが、冒頭の一首である。

そうだとすれば、このような縁起や諸行無常の真理は、春の花や夏のホトトギスばかりではなく、身の回りのすべてのもの、例えば、麻布の束（麻三斤《まさんぎん》）やクソカキベラ（乾屎橛《かんしけつ》）、あるいは庭にある柏の樹（庭前柏樹子《ていぜんのはくじゅし》）にも、同じように現れていると言えるだろう。そればかりか、天地に存在するものの中で、真理を表していないものは一つもない。つまり、世界中のすべてのものが、仏法の真理を表しているのである。

峰の色　谷の響きも　みなながら　わが釈迦牟尼の　声と姿と

「法華経」という、仏法のすべてを説く究極の経典の名前を題名に与えられた道元禅師のこの歌も、そのことを詠ったものである。そして、それと同じ内容は、既に宋代の文人、蘇東坡によって次のように詠われている。

渓声便是広長舌　山色豈非清浄身　夜来八万四千偈　他日如何挙似人

谷川のせせらぎは釈尊の教えを語っており、山の色は仏の身体そのものである。目の前に広がる天地万物のすべてが仏法を表しているが、さて、そのことをどのようにして他人に伝えようか。おおよそ、そのような内容のこの歌が、道元禅師にとっても印象深いものだったのであろう。禅師は『正法眼蔵』の中に「溪声山色」という巻を著し、その中でこの詩の解説を行っている。

ただし、いかに溪声山色が真理を表していても、人々がそれに気づかなければ意味がない。多くの人々は、目の前の真理に気づくことなく、別のところに何か特別な「真理」があると考えて、それを探し求めている。そうした「真理」を探そうとする心を捨てて、自己が天地万物と一つになった時、真理はその姿を自ら開示してくれる。これこそが、道元禅師の説く「溪声山色の功徳」によりて、大地有情同時成道」ということ、すなわち、世界が真理を開示し、その瞬間に人々がそれを覚知するということではないだろうか。

しかし、そのような瞬間はなかなか訪れない。真理を求めながらも「真理」を求めようとする心から離れる。その繰り返しの中で、いよいよ期が熟した時に、世界はふと一大曼荼羅を現わす。私達はその瞬間の到来を、ただ待ち続けるしかないのかもしれない。

（木村文輝）

第十章

風流《ふうりゅう》を暮らす

——日日是好日《にちにちこれこうにち》

1

日《にち》日《にち》是《これ》好《こう》日《にち》

中国唐代に活躍した雲門文偃《うんもんぶんえん》（八六四〜九四九）に「日日是好日」の教えがあります。『雲門広録』には「十五日已前《いぜん》は汝に問わず、十五日已後《いご》一句を道《い》い将《も》ち来《き》たれ。自ら代って云く、日日是好日」とあります。

十五日とは、禅門では結夏《けつげ》（九〇日間に及ぶ修行開始の日）・解夏《かいげ》（修行終了の日）・布薩《ふさつ》（懺悔《さんげ》の日）など一つの節目として、古来よりそれに因んでの説法が行われます。そこで雲門は修行者に対し、昨日までのことはともかく、今日ただ今、自己の真実の一句を言ってみよと詰問し、自ら修行者に代って「日日是好日」と答えています。

「日日是好日」とは、言葉の上からは毎日毎日が安楽で結構な日であるという意味です。しかし、天候・気候においても、晴れの日ばかりではなく、風雨・大雪もあれば、暑すぎたり寒すぎたりと思うようになりません。現実世界は浮き世・忍土と言われるように苦しいことも、悲しいことも多く、人生は苦難の連続で、決して好日ばかりとは言えません。また、科学や合理性を尊ぶ現代人においても、何か事をなすにあたっては、暦の六曜（先勝・友引・先負・仏滅・大安・赤口）をもって、日柄の善し悪しを占うのが常です。

もともと六曜の起源をたどれば、中国・朝鮮・日本の官暦にもなく、江戸時代の民間暦・暦注書にも見当たりません。当初は単に日にちを区別するための記号であったものが、後にそれぞれに吉凶が付加されたものと考えられています。

吉田兼好《けんこう》の『徒然草《つれづれぐさ》』には「吉日に悪をなすに、必ず凶なり。悪日に善を行ふに、必ず吉なりといへり。吉凶は人によりて、日によらず」とあります。暦の上では大安・吉日だからといって、悪事を働けば、その日は必ずや自己にとって悪日となり、また厄日・凶日であっても、善事善行にいそしめば、素晴らしい一日ともなりえます。

私たちは案外、大安・友引・先勝を良しとし、仏滅・先負などを忌み嫌って生活していますが、兼好の言うがごとく本来、吉凶禍福《きっきょうかふく》は暦法などに左右されるものではなく、自己の心の持ち様や生活のいかんによるべきものと言えましょう。

禅者としての生き方は、いたずらに過去を悔いず、また未来に思いを致すこともなく、ただ今日をいかに生きるかにあります。雲門の示す「日日是好日」の真意も、日日を仏法挙揚に努め、仏法者として仏道に適《かな》った生活を送るのであれば、最高最上のかけがえなき一日（好日）となり得るということにあり、そのためには今日をどのように使い得るかにあると言えます。

人はみな平等なる二四時間を持っていますが、その使い方いかんによって、吉とも凶ともなりえます。いかに今日一日を充実した日にするかが肝要であり、それには暦や天候などに吉凶の有無を求めることなく、与えられた二四時間という尊き一日に対し、真心を込め、万事・万行の一々に最善を尽くし、自己を完全燃焼していく以外にはありえません。

常に今時の一瞬に生命（いのち）を燃やし、輝き行くところに、雲門の説く「日日是好日」の面目が現前するのであり、好日なる一歩一歩の歩みが、やがては「年年是好年」の良き人生へと花開くことでしょう。

（菅原諭貴）

2

歩歩起清風

（歩《ほ》歩《ほ》清《せい》風《ふう》起《お》こす）

「歩《ほ》歩《ほ》清《せい》風《ふう》起《お》こす」という禅語に出会うたびに、若き日の修行時代が思い起こされます。二十代後半頃、大学では仏教学・禅学を学び、短期間ではありましたが修行道場の雰囲気も少々経験したものの、禅の和尚としてどのように歩むべきか、全く自信がなく、随分と思い悩んだものでした。

その頃の私は、本格的な道場で、もう一度修行がしたいという思いでいっぱいでした。当時、愛媛県の瑞応寺《ずいおうじ》専門僧堂は、禅の傑僧・楢崎一光《ならさきいっこう》老師が堂長を務められ、道元禅師から続く古規を重んじ、厳粛な道場として知られておりました。

ぜひ老師の下で修行をしたいと願ったものの、瑞応寺は修行が厳しく鬼僧堂とも呼ばれていたことから、臆病な私は躊躇《ちゅうちょ》しておりました。しかしそんな私の心を揺り動かし、上山の決断をさせたのは、たった一度だけお会いした老師のお姿でした。如法衣《にょほうえ》をかけられ、厳しい眼光から発せられるお言葉、立居振舞いのすべてが、正に禅僧そのものでした。

「歩歩清風起こす」とは、一歩一歩のあゆみに清らかな風が舞い起こるという意味であり、修行を積み重ねた禅僧の歩まれる姿が清々しい風光に包まれ、悟りの境涯が漂うということです。念願適って二年ほど、老師の膝下《しっか》で修行させていただく機縁に恵まれましたが、老師の坐禅のお姿・合掌・礼拝等は実に尊く、所作進退すべてが説法そのものとして私の眼に映り、語りかけてきました。そしてこのようなお方に一歩でも近づきたいという思いの日々でもありました。

禅の世界では、生活万般が修行であると言われます。坐禅・聞法はもちろん、洗面・清掃等の日常の務めの中に本来悟りの風光が現れるのであり、一つ一つの行に徹し切るところに、人々を発心《ほっしん》に導き得る清らかな風が流れるのでありましょう。


（菅原諭貴）

3 弄花香満衣（花《はな》を弄《ろう》すれば香衣《かおりころも》に満《み》つ）

これは中国唐代の詩人・于良史《うりょうし》の「春山夜月《しゅんざんやげつ》」の詩の一句で、禅の語録では「掬水月在手、弄花香満衣」の対句として用いられています。

ここでは花も水も大自然に存在する、清らかなものの象徴として取り上げられております。月夜に池や小川で水面に映る月を両手で掬《すく》うと、その水に月が宿ります。また、子どもたちが野原で花を摘んで、楽しげに弄《もてあそ》んでいると、知らず知らずに、花の香りが衣服に染み込んでいくという意味です。

実は花と水は、仏性《ぶっしょう》や法性《ほっしょう》を喩《たと》えたものでもあります。仏教ではこの世に存在するものは、本来仏そのもの、真実そのものであると説きます。

しかし、世俗生活においては、様々な欲望の対象や誘惑が多く、更に日常的には、仕事に追われ、生活に追われ、自分を省みる余裕すらない状況で、人生を送っているというのが実情かと思われます。

仏教では「熏習《くんじゅう》」という教えが説かれます。「熏習」とはお香の香りが身体や衣服に染み込むように、普段の私たちの身・語・意のすべての行為が自分の根底に蓄えられ、その人の人相・風格を作り出すことを表します。冷たく厳しく意地悪そうに見える人がいる一方、親切で優しく暖かく感じられる人もおります。このことは、私たちの人生における良き行為、悪しき行為等の種子《しゅうじ》が自己の内面に熏習されて、その姿全体に香っているということです。

この禅語の有り難いところは、花や水という美しく、清らかなものを素材としていることです。「水を掬う」「花を弄ぶ」とは、汚れなき清浄な行為の実践を奨励しております。

仏教的には、坐禅修行や経典の勉強、合掌・礼拝等が清浄で最上の行為とされますが、一般社会に生きる人たちにとっては、家庭や職場の清掃、笑顔や優しい言葉、そして何よりも利己的な世界を超えた純粋行こそが「水を掬う」「花を弄ぶ」という清らかな生き方となり、私たちの衣服と両手いっぱいが、仏様の光りと香りに満ち照らされることとなります。

（菅原諭貴）

4

釣月耕雲慕古風

（月《つき》に釣《つ》り雲《くも》に耕《たがや》し古風《こふう》を慕《した》う）

この禅語は、道元禅師著『永平広録』巻十「山居十五首」（七言絶句）に由来します。その前後の文節を含め、次に全文を「書き下し文」にし、現代語に訳してみましょう。

「西来の祖道　我れ東に伝う、月に釣り（瑩き）雲に耕し古風を慕う。世俗の紅塵飛んで到らず（豈に到らんや）、深山の雪夜草庵の中」《（　）は門鶴《もんかく》本の語句》

（訳）「印度より中国へやって来た達磨大師がもたらした〝祖道〟（禅宗）をわたしは日本に伝えました。こだわりのない修行生活の世界に悠々と過ごし、達磨をはじめとする仏祖がたの素朴で純粋な古来の「宗風」を慕っています。この永平寺の自然環境は、世間の煩わしさから遠く離れ、深い山奥における雪の夜、それを庵の中でしみじみ思うことよ。」

この「釣月耕雲」（月に釣り雲に耕す）や「瑩月耕雲」（月に瑩き雲に耕す）は、中国唐代、江西省南昌県大雄山（後に百丈山と称す）に住していた百丈懐海《ひゃくじょうえかい》（七四九〜八一四）の指導法が斬新で優れていたため、中国全土より多数の修行者が押し寄せ、彼らの食生活を維持するため、周辺の農民に迷惑をかけないよう「自給自足」の大自然に根ざした農耕を指す意味を含み、それを坐禅と並んで修行の中心に位置づけたのです。「一日不作、一日不食」（一日作さざれば、一日食らわず）の逸話や「普請作務《ふしんさむ》」（大勢の労働・農耕生活）などの語句も、そこから生じたものです。それは、あらゆる物事に全力を尽くすことです。

宗門の「威儀即仏法、作法是宗旨」の威儀作法は、その一面を表わしています。

（吉田道興）

5

喫《きっ》茶《さ》去《こ》

お茶には、栄西の『喫茶養生記』を待つまでもなく、古くから効用や功徳が言われています。そのため、喫茶の風習が広まるとともに、茶の製法が発達しました。さらに、禅院で茶が珍重されるようになると、仏道修行と深い関わりをもつようになりました。この趙州《じょうしゅう》の「喫茶去」も、喫茶の風習が既に禅院の修行生活の中にとけこんでいたことを物語るものといえます。

この有名な趙州の「喫茶去」の出典はといえば、『五灯会元』の趙州の章に、新しく修行にやってきた僧に趙州は、いつも「曽《かつ》て此間《すかん》に至るや」と、つまり「まえにここにやって来たことがありますか」と問うのを常としていました。新到の僧が「曽到（はい、あります）」と答えても、「不曽到（いや、ありません）」と答えても、趙州はきまって「喫茶去」と応答したということです。そして、そのことに不審をいだいた寺の院主がそのわけを聞くと、趙州は「院主さん」と呼びかけた。この呼びかけに思わず院主が「はい」と応ずると、趙州はすかさず「喫茶去」といわれたということによります。

一般に「去」は助字で意味はなく、「まあ、お茶をおあがり」とでもいった意といわれています。一方、『禅語辞典』をみると、文字どおり「喫茶し去れ」と読み、「茶を飲んでこい」、「お茶を飲みに行け」の意と説明しています。どちらにしても、お茶を喫することには変わりはありません。お茶を喫することは、我々も常日頃人に会うと「お茶でも飲もうか」とか、訪問客が来ると「お茶でもどうぞ」と、まずいいます。お茶のもてなしがあればこそ、会話も弾み、互いのコミュニケーションもうまくいくものです。お茶が無いと「無茶苦茶」という言葉もあるように、意思の疎通がうまくいかないということになりかねません。人によっては、お酒や葡萄酒の方がと思う人もいるかもしれませんが、親睦をはかる懇話会はできますが、ややもすると大トラになって話が脱線しかねません。筋道の通った会話ともなると、まず、お茶でも飲み、慓悍著《せいせいじゃく》と目を覚ましておくことの方がよいかと思います。

特に、禅門では「茶」を行ずることが大切な行持となっています。例えば、修行僧の第一座である首座《しゅそ》和尚の法戦にちなみ、まず本則を大衆《だいしゅ》に披露する時に行われる「本則茶」や、僧堂内で茶を飲む儀式である「行茶」等があります。また(※)二祖三仏忌や各寺の開山忌等、重要な法要にあたって、特に供養する意味で「特為献茶」の式があるというように、禅門ではお茶を喫しお茶を供することに特別な意義を認めています。

道元禅師はこの趙州の「喫茶去」の問答に対して『正法眼蔵』「家常《かじょう》」の巻で、趙州が新しくやってきた僧にいつも「曽て此間に到るや」といっていた「此間《ここ》」は跳脱した此間であるから、「曽到(来たことがある)」であり「不曽到(来たことがない)」であるといっています。いわゆる此間に「曽到」・「不曽到」することが問題なのではなく、「喫茶去」というお茶を飲むという日常の振る舞い自体が問題であり、そこに仏祖の家風があることを示しております。道元禅師の言葉をかりれば、「しかあれば、仏祖の家常は喫茶喫飯のみなり」ということであります。

(神戸信寅)

※ 現在曹洞宗では、二祖を永平寺の道元、總持寺の瑩山としている。両祖ともいう。三仏忌は、釈尊の涅《ね》槃《はんえ》会・降誕会《ごうたんえ》・成道会《じょうどうえ》をいう。

6

滋《じ》味《み》なき処《ところ》に深《ふか》き滋《じ》味《み》あり

瑩山禅師の『伝光録』「第三一祖大医道信章」の提唱の末に、

然も汝、実に光明あり、是を見三界と云う。汝の舌、余味あり、調六味と名づく。故に所々に放光し、時々に調饍す。味去り、味来るとも、滋味なき処に深き滋味あり。見来たり、見去るとも、色塵なき処に真色あり。

（訳）それればかりか、あなたはまことに光の輝きがあります。このことを見三界（三界を如実に見る）と言います。あなたの舌には豊かな味わいがあります。［このことを］調六味（六種の味を調和する）と呼びます。だから［所々の］場所で光を放ち、［折々の］時々に［おいて］料理をほどよく調えます。味が遠のき［あるいは］味に乗ってきても、美味のないところに深みのある美味があります。しっかりと見、そして見遣っても、見るもの（対象となるもの）

が無いところに、本来のもの（色）があります。

「見三界」も「調六味」も瑩山禅師の独自の語である。調饍を借りて仏教で説く本質を引き出してきている。「滋味なき処に深き滋味あり」とは、六識中の舌識とは禅の立場ではどう説き得るかを言ったものである。瑩山禅師は六根（眼根等の六つの器官）・六境（六根が捉える対象物）・六識（六根・六境によって知覚認識される内容）について、しばしば述べられている。人間は生きている限り知覚認識によっている。しかしそれは凡夫のありようであり、煩悩に支配されている。そこをどのように超克して、真実を見定められるか、とらえられるか。到達したところが悟りの境界といわれるものである。

『碧巌録』第六七則「大士講経」の頌の著語で、「風流ならざる処も也《ま》た風流」といっている。禅の生活とは決して風流といえるものではない。禅に立つ者（真実を目指す者）は瞬時瞬時の間も如実であろうと修行し、切磋琢磨して生活している。とても風流などとはいっておれない。しかしちょっと間を置いてその生活のありようを見た時、その不風流も風流といってもよさそうである。趣が感じられる。禅とはそんなところに人を引きつけるところがあるものであろう。

平成二七年元旦、私の寺の護持会の年賀で、会長様から法話を述べるよう依頼された。元日らしい言葉は取り上げず、「風流ならざる処も也た風流」について述べた。年初に気を引き締めてもらいたかったからである。戦前・戦中・戦後の農家の人々の生活について、寺の囲りの農家の方々の、朝から夜なべしてまでの一所懸命であった生活を語った。私の住む静岡県磐田市は白葱の名産地である。真冬の土間にむしろを敷いて行う荷出しの作業は、ひび・あかぎれにまみれたもので、夜なべを終えるとそのまま蒲団の中に倒れた。こんな中にとても風流などない。しかし私はその当時を思い浮かべて、「風流が無いところに風流を感ずる」、と話をまとめた。日常そのものの中で真実を見抜くと、不風流も風流に転ずるのではなかろうか。

（鈴木哲雄）

第十一章

弟子を導く――老婆親切《ろうばしんせつ》

1 百尺竿頭更進一歩

（百尺竿頭《ひゃくしゃくかんとう》さらに一歩《いっぽ》を進《すす》む）

この語は『無門関』『景徳伝燈録』などに出る唐代の長沙景岑《ちょうさけいしん》の言葉で、「百尺竿頭《かんとう》さらに一歩を進む」と読みます。道元禅師も『正法眼蔵随聞記』巻三に、「古人云く、百尺竿頭如何に一歩を進むと。百尺の竿頭に登りて、足を放たば死ぬべしと思って、強く取りつく心あるなり。一歩を進めよと云うは度世《とせい》の業よりはじめて、一身の活計《かっけい》に到るまで、思い捨つべきなり。それを捨てざらんほどは、如何に頭燃を払って学道するとも、道を得ること叶うべからず」と説かれております。

「百尺竿頭」は、三十メートルほどの長い竹竿の先端ということで、私ども人間が今生きている現実をいいます。私どもは、諸行無常・諸法無我のただ中に生きています。存在する全てのものは、時間と空間の束縛を受けますので、刹那生滅しております。生命あるものは、死に向かって常に現象変化しております。私どもは、まさに絶体絶命の断崖絶壁を生きる場所としていることを自覚しなければなりません。

「さらに一歩を進む」は、長い竹竿の先端からさらに一歩を踏み出すことをいいます。しかし、一歩を踏み出せば、真っ逆さまに地上に落下してしまいます。人生を生きるということは、危険であっても一歩を踏み出すことに他なりません。私どもは一歩を踏み出せないので強固な「自我」をもつことになります。しかし、絶体絶命の生命を前にして「自我」は何の役にもたちません。自己を苦しめるだけです。

「一歩を進む」生き方は、自我を造る生き方を否定して、自然や生命を支える自己の身心に感謝し、人のために生きる生き方をすることです。

（大野榮人）

2

寰《かん》中《ちゅう》は天《てん》子《し》、塞《さい》外《がい》は将《しょう》軍《ぐん》

『五燈会元《ごとうえげん》』に出る言葉である。この言葉は「寰中は天子の勅《ちょく》、塞外は将軍の令」のことである。もとは『史記』の「孝文帝本紀」に出る言葉である。

西暦紀元前一五八年。冬、匈《きょう》奴《ど》の兵が上郡に侵入し、別に三万人が雲中郡に侵入した。そこで中大夫令勉《れいべん》を車騎将軍として飛去（河北、広昌）に駐屯させ、もとの楚《そ》の相、蘇意《そい》を将軍として句注（山西、代県）に、将軍張《ちょう》武《ぶ》を北地郡に、河南の守亜夫《しゅあふ》を将軍として細柳（長安の西北）に（一部省略）駐屯させた時の、細柳での将兵の言である。天子が軍門に来た。細柳の将兵が、「軍中では将軍の令を聞くも、天子の詔を聞かず」、と。東日本大震災においてこの言葉が妙に気になった。

禅宗がこの話を用いる時は、修行僧は安居《あんご》中は住持の指示に従い、解間（安居と次の安居との間の自由の期間）にあっては自己の自律に従って、本来の自己の究明に努めることをいう。

『伝光録』の「第四二祖梁山《りょうざん》和尚縁観章」に出る。僧が「如何なるか是れ学人の自己」と問うた時、梁山和尚は標題の語で答えた。修行僧が「私の自己とは何ですか」、と問うのである。修行僧たる私の本来の自己とはいったいどんなものか、ということを問うたのである。父母が生まれる以前からずっとあり続けている私の本来の自己とは何であるかと問うたのである。梁山和尚はそれを学ぶ道筋を示した。自己自身の問題は他者で代わることはできない。自身で切り開くしかない。ただやみくもに行動しても誤る。方向を正してくれるのが指導者である。

（鈴木哲雄）

3　草《くさ》を打《た》して蛇《へび》驚《おどろ》く

草むらの中に潜んでいるとすぐそばの草がビシッ！　と叩かれた。あ、俺を狙っている。ばれた！

『伝光録』「第三五祖無際大師石頭希遷章《せきとうきせん》」の提唱中に出る瑩山《けいざん》禅師の言葉である。青原行思《せいげんぎょうし》禅師が「どこから来たか」と問うと石頭和尚は「曹渓《そうけい》（六祖慧能禅師のもと）から来ました」と答えた。青原禅師は払子《ほっす》を立てて、「曹渓にこれがあるか」とたずねた。石頭和尚は「ただ曹渓だけでなく西天（インド）にもありません」と答え、何番かの問答応酬があった。青原禅師はついに払子で石頭を打った。そこで石頭は大悟した、という内容である。瑩山禅師は「草を打するに蛇驚く。故に師即ち大悟す」と述べられる。『景徳伝燈録』の「首山省念章《しゅざんしょうねん》」で、僧が「四衆囲観す、師は何の法をか説く」と問うと、首山禅師は、「草を打して蛇驚く」、と答えた。これがこの語の出所である。しかしこれでは何を言っているのかわからない。この語について、宋代の鄭文宝《ていぶんほう》『南唐近事』という本に、「王魯《おうろ》は当塗(県)の宰で、頗《すこぶ》る資産があった。たまたま部民が連判状で、主簿が賄賂を貪《むさぼ》っていることを県尹に訴え出た。王魯は判決で、お前たちは草を打ったのに、私はもう蛇を驚かせてしまった、と言った」とある。つまり、そこつな出方をして相手に警戒心を起こさせる、という意味で、ここでは修行者に対して直接に警誡しないで、間接的に戒め悟らせようという意である。そんなことで文頭に滑稽に文意を書いた。瑩山禅師は青原の打が間接なものであることをいうのである。

(鈴木哲雄)

4

趙《じょう》州《しゅう》看《かん》婆《ば》

五台山へ向かう道の茶店に一人の老婆がいた。そこを通る修行僧のほとんどが老婆に「五台山へ向かうにはどの道を行けば良いですか」と聞いた。すると老婆はいつも「まっすぐに行きなさい」といい、僧が歩き出すと「お人好しの坊様があのように行きなさる」とつぶやいた。ある僧が訝《いぶか》しんで趙州《じょうしゅう》にこの事を話すと、趙州が言った。「待っていなさい、納が見てきましょう」と。翌日、法堂に上がって説法する際に「あなたのために老婆を見破ってきました」と趙州が告げた、というのが看婆の経緯である。

五台山への道とは「悟りへの道」と同義に取ることができる。禅の悟境に徹した僧ならば、老婆の言葉に惑わされることはないが、未熟な者は自らの立場に執着して、余計な考えを巡らせるのである。

趙州はどのような方法で老婆を見破り、その結果がどうであったのかを語らない。それは趙州の目的が、老婆の正体を見破ることではなく、この僧を導くことにあったことを示している。名馬が手綱を付けられて走る自由を失うように、老婆の言葉に心を縛られてしまったこの僧を解放するのが目的である。一二〇歳まで生きたとされる趙州の老練な教導の手腕が表れている。

趙州がどの様に老婆を見破ったかを僧に伝えていないのは、それを教えることは、師のことばが再びこの僧を縛ることになるからである。師の修行をなぞるだけに終止する誤りを避けて、この僧自身の悟りに導こうとする趙州の老婆親切がそこにある。

（佐藤悦成）

5 老婆心《ろうばしん》

「老婆心とは思いますが……」等の言葉を我々は日常の会話において頻繁に耳にする。この老婆心とは禅門で用いられる老婆親切、または老婆心切という語に由来する。「切」はぴたりと寄り添って離れない様子を指し、老婆心の強さを強調する文字である。祖母が孫に対して細やかな愛情を注ぐように、他者に対して細やかに配慮する心を意味している。師が弟子に向けて懇切丁寧に教えを説く指導法は老婆禅とも呼ばれ、中国禅宗の一つのあり方として大いに広まった。

『碧巌録《へきがんろく》』、『従容録《しょうようろく》』に収録される公案の本則に老婆心という語が用いられる事はないが、公案の内容を解説する著語にしばしば見受けられる。師の弟子に対する導きがあまりに明け透けであった場合、注釈者が「これでは老婆親切に過ぎる」と批判のコメントを残すのである。現在では肯定的な意味合いの強い老婆心であるが、禅の世界では否定的な場合もあり、それは状況によって変化する。しかし、これは純粋な批判ではなく、表面上は非難していてもその裏で賞賛しているともあり、公案を参究する者を悩ませてきた。

さて、道元禅師示寂の場面を記した『御遺言記録』の中でも老婆心という語が用いられている。孤雲懐奘《こうんえじょう》、徹通義介《てっつうぎかい》といった高弟が集まる中、道元禅師は義介に対し「唯だ未だ老婆心あらず。其れ自然に歳を重ねる程に、必ず之れ有る可し云々」と言葉を残している。義介の修行は峻烈で良いが、それでは人が付いてこられない。必要なのは細やかな配慮であると説き、それは時間をかけて培われるものとだとも付け加えている。

（大橋崇弘）

6

老《ろう》古《こ》錐《すい》

禅語の特徴の一つとして、比喩が巧みであることが挙げられます。「老古錐」という言葉も、その一例だと言えます。

「老古錐」とは、古くなったキリのことです。先が丸くなって、紙や木を突き刺す本来の役割は失われています。しかし、そこから、若い頃に荒々しく修行僧を指導していた師家《しけ》が、老境に入り丸くなって、円熟味ある指導を行う様子を表現する言葉、あるいは老僧を意味する言葉になりました（悪い意味にとることもある）。

私は、「老古錐」の言葉を見るといつも、二人の老僧を思い出します。

一人は、私が大学院生の頃に御指導を頂戴した老師です。その方は、永平寺で眼蔵会《げんぞうえ》講師や西堂《せいどう》（住職の教化を助ける役）をお勤めになり、御自坊でも弁道会《べんどうえ》・眼蔵会を開講され、後進を厳しく指導しておられたそうです。また、随身《ずいしん》していた先達の御指示を受けて、永平寺所蔵の祖山本『永平広録』の保護と流布に尽力されました。よって、私自身、『永平広録』の研究を進めるために、一度でも御指導を頂戴したいと思っていたのです。その念願は、数年越しで叶いました。

御自坊を拝登したその日、午前中の早い時間に相見しましたが、そこから午後三時過ぎまで、非常に熱心な御指導を賜ることが出来ました。内容も、『永平広録』拝読の作法から始まり、読解するときの注意点、参考にすべき註釈書、全十巻の内で鍵となる文脈の提示等々、こちらが伺いたいと思う内容のほとんどを網羅するものでした。メモを取るわけにもいかなかった私は、伺った一字一句を忘れまいと集中して聞き、帰り道にノートへと書き写しました。

この時の御指導では、私の威儀・進退について厳しく諭されることもありましたが、全体としては細やかであり、まさしく「老古錐」かと実感した次第です。私がその後も、諦めずに『永平広録』を参究できたのは、この時の御指導があってのことだと、ありがたく思っております。

もう一人は、私の受業師（出家した時の師）老師です。まだ駒澤大学の学生の頃、帰省する度に、老師の御自坊へ、現状報告を兼ねたご挨拶に伺いました。その頃の老師は既に八十代後半にさしかかっていたのですが、私を見ると頻《しき》りに、「時間が無い」「あんたは『正法眼蔵』を参究しなきゃならんよ」と仰いました。

八十代後半の老師が頻りに「時間が無い」と仰るのですから、こちらとしては体調不良を心配するわけですが、老師は「いや、もう二一世紀が近い。それなのに、心の時代に相応しい教えをまだ分かっていない。だから、『正法眼蔵』を参究しなくてはならんのだ！」と、強く仰いました。つまり、自らの寿命を気にしていたのではなく、二一世紀に相応しい教えを一刻も早く学び取らねばならないという焦燥感が、「時間が無い」という一句に繋がっていたのです。結果、老師は二一世紀に間に合わせるように、『正法眼蔵』の解説書数冊を上梓されるに到りました。

今思いますと、私がこれまで『正法眼蔵』を学び続けられたのは、この時の老師の様子があってのことです。そして、その時の御指導を思い出しますと、老古錐の先端をしっかりと研《と》ぎ直す老僧もいらっしゃるのだと思わずにはいられないのです。

（菅原研州）

第十二章

接《せっ》化《け》の機《き》縁《えん》——啐《そっ》啄《たく》同《どう》時《じ》

1

独坐大雄峯《どくざだいゆうほう》（2）

中国の禅匠として名高い百丈懐海《ひゃくじょうえかい》と一学人との問答が語録のなかにでてきます。〃僧、百丈に問う、「如何なるか是れ奇特の事」。丈曰く、「独坐大雄峯」。僧礼拝す。丈即ち打つ〃とあります。僧の問う「如何なるか是れ奇特の事（特にすぐれて意義のあることは何か）」のきりこみに、百丈は「独坐大雄峯（ただひとりこの大雄峯に坐していることのほかに、特別に奇瑞なことなど何もない）」という揺るぎのない境地をここに丸出しにしたことばです。百丈の面目躍如というべきでしょう。

しかし、ここでこの問答が終わっていないことに注目する必要があります。一僧すかさず一礼をします。百丈また間髪を入れず一打を下してこの問答が結着するところに、妙味が躍如としてあらわれています。百丈の〃独坐〃はここに至ってようやく完結します。〃独坐〃という静の境位と〃即ち打つ〃の動の活作略《かっさりゃく》とが瞬時にして禅の世界を目のあたりに展開しているところに目を向けるべきでしょう。

のちの禅の評者は、この師百丈を「虎の翅《つばさ》を挿《さ》すが如くに相似《そうじ》す」と評し、〝独坐〟の禅機を引きだしたこの僧もまた、「死生を避けず敢《あえ》て虎鬚《こしゅくひ》を将く具眼の士」と賞讃のことばをおくっています。禅においては、古くからこのように、師と弟子のあいだで、恰も虎（師）が獲物（弟子）を襲うように、また弟子が虎の鬚《あごひげ》を引き抜くように躍動した問答が、繰りひろげられてきました。僧の一礼と師の一撃の動静一如のなかに〝独坐〟の世界が現成します。古来、禅問答の極致として尊ばれるゆえんです。

（中祖一誠）

2

啐《そっ》啄《たく》同《どう》時《じ》

「啐」とは、卵の内側から雛《ひな》が声を出して殻から抜け出ることを言います。さらに「啄」とは、親鳥がそれに合わせて殻をついて雛の出るのを助けることを指します。この両者を同時に行うことによって雛は無事に殻から出ることができるのです。時機を間違えて、早すぎても遅すぎても雛は無事に殻から抜け出すことは叶いません。この熟語は『碧巌録《へきがんろく》』に出てくるもので、今まさに悟りを得ようとする弟子に、師匠がすぐさま教えを与えて、悟りの境地に導くことを指します。鏡清《きょうせい》禅師と学僧の問答として、次のような公案があります。学僧が「私は殻を割って出るほど十分に悟りの機会が熟しています。お師匠様、どうか外から殻を割る手助けをしてくださいさい。」と懇願したところ、禅師は「本当のお前が出てくるのか。」と尋ねます。学僧は「もし悟れなかったら笑いものになります。」と答えたところ、禅師は「この煩悩まみれのたわけもの。」と一喝されたそうです。

禅の世界における師匠と弟子との関係ばかりではなく、親と子、あるいは教師と生徒という関係にあっても、互いに求める時が同じでなくてはなりません。親や教師が、相手の気持ちを考えることなく一方的に自分の考えを押し付けてしまえば、全く逆効果を生んでしまいます。反対に子どもや生徒が助けを求めるサインを出したり、より一層の教えを求めているとき、親や教師がそれを無視してしまえば、ネグレクトと同じ不幸に陥ってしまいます。時機を見極めて年少者を導くことこそ家庭であれ、教育の場であれ、年長者の努めと言えるでしょう。

（引田弘道）

3

応《おう》時《じ》応《おう》節《せつ》

永平寺を開かれた道元禅師は、熱心に坐禅をした人というイメージが強いと思います。しかし、修行僧への説法にも力を入れられ、そのために有効な方法論にも、度々言及しています。例えば、次のような教えです。

夫れ説法は、直に須《すべか》らく応時応節なるべし。若《も》し時に応ぜずんば、総《すべ》て是れ、非時閑語なり。

『永平広録』巻三―二四四上堂、一二四七年（宝治元）五～六月頃

説法とは時節に応じた内容でなければならず、応じていないときには無駄話になるのです。ある言葉がある人に届くという時、大切なのはタイミングです。普段から聞き慣れているような言葉でも、タイミングさえ合えば、その人に深く感じられることがあるのです。

以前、コミュニケーションについて詳しく書かれた本を読みました。優れたコミュニケーションを成り立たせる条件は、聞き上手であることだそうです。聞き上手ということは、相手に関心を持つことから始まります。そして、相手が気持ちよく自らを語る中からその意をくみ取ることで、相手が必要とする言葉を適切に発することが可能になるのです。

つまり、道元禅師の応時応節の教えは、聞き手の立場に立って法を説くことを意味します。一二四七年当時の永平寺には、三〇人強の修行僧がいたようです。毎日顔を合わせていたとすれば、道元禅師は修行僧一人一人の状況に、よく目が行き届いていたと思います。だからこそ、自信を持って、応時応節の説法が可能だったのです。

私の寺のご本尊は観世音菩薩《かんぜおんぼさつ》であり、毎朝の読経では『観音経』を読誦《どくじゅ》します。そのお経を読みますと、観音さまは世間で発せられる様々な苦悩の声を聞き、その相手の状況にふさわしい姿になって救済するとされます。観音さまの行いを可能とする条件は、空《くう》と慈悲です。吾我を空しくして自らにこだわらず、慈悲でもって相手に関心を持つからこそ、結果として聞き上手となり、応時応節の説法が可能となります。

仏教の勉強会を開いたときのことです。病気で夫を亡くされた女性が参加していました。昔から仏教書を読んでいて、お釈迦さまが説かれた「諸行無常《しょぎょうむじょう》」の教えも、言葉の上では分かっていたそうです。しかし、夫の葬儀の場で、御導師をされた僧侶の方から、「我々の命は、露命といいます。草葉の上の露のようなもので、落ちれば終わり。まさしく諸行無常です」と言われたとき、夫の命が失われた真実の意味が理解でき、無常も納得できたそうです。そして、長年連れ添ってきた夫を喪った事実を受け止め、最後まで送り出すことができたと仰っていました。

これは、御導師が言葉を発したタイミング、受け取られる方の状況が、応時応節だったということです。私であれば、葬儀の場で、ここまで踏み込んだ発言は躊躇してしまうところです。しかし、御導師は迷わずに説かれました。普段から、上手にコミュニケーションを行っていて、この女性が無常を納得するはずだと確信していたのでしょう。

御説法や御説教という言葉を聞くと、誰かが誰かに対し、一方的に道理を聞かせるような印象をお持ちの方も多いと思いますが、実際には、繊細なコミュニケーションの上に成り立つのです。

(菅原研州)

4

応無所住而生其心

（応《まさ》に住《じゅう》する所《ところ》なくして
而《しか》も其《そ》の心《こころ》を生《しょう》ずべし）

この言葉は『金剛般若経《こんごうはんにゃきょう》』に出てくるもので、「応《まさ》に住する所なくして、而《しか》も其の心を生ずべし」と訓読する。ちなみに、中国禅宗の六祖慧能《えのう》（六三八〜七一三）は、出家前にこの一句を聞いて大悟したと伝えられており（『六祖壇経』）、この句は、これまで多くの人々に影響を与えている、短い文章で仏教の大切なポイントが示されている言葉である。「応《まさ》に住する所なくして」の、「住する」とは「とらわれ、執着」を意味する。執着しない、つまり、無執着の教えは、釈尊の時代から説かれてきた。「原始仏典」では、「その理法を知って、よく気をつけて行い、世間の執着を乗り越えよ」（『スッタニパータ』一〇五二）などとくり返し語られ、「執着」という心のはたらき（煩悩）は、種々の方向から述べられている。たとえば、「対象を取ってはなさない」「抱く」「対象に依る」「固執する」「住する」「束縛される」「結ばれる」など。いずれの場合も、心や意識が何らかの対象にむかっていき、それを捕らえて離さなくなること、それは心が対象につなぎとめられ、束縛されている状態であり、自由がきかなくなっている状態ともいえる。視野がどんどん狭くなっていき、物事のありのままの姿が見えていない、全体的な姿がよく見えていない状態に他ならない。そして、その否定が無執着である。

しかし、「執着しない（住する所なく）」だけで止まってしまっては、仏教・禅の教えではなくなる。その「住することのない心」をはたらかすこと、「而も其の心を生ずべし」が大事なのである。否定で止まってしまえばそれまでである。否定をふまえて、さらに肯定的なはたらきを活動させるわけだ。それが仏の姿ともいえる。これは重要なところで、仏教の歴史を貫いている柱といってもよい。

いくつか例をあげてみよう。釈尊は、さとりを開いた後、一度は説法をためらったという。自分が知り得た真理は難解であり、世の流れに逆らうものだから理解されないのではないかと。しかし、説き方を工夫すれば伝わるに違いないと考え、説法の決意をした。この出来事は梵天勧《ぼんてんかん》請《じょう》の説話として後代に語り継がれることになる。以後、釈尊布教の旅が始まった。それは、まさしく、住することなく、その心を生じさせたのである。さとりで止まってしまったならば、仏教はなかったであろう。

もうひとつ、中国の禅のテキストで知られる『十牛図』でも同じことがいえよう。禅の修行過程を十枚の絵と短い文章で表したものだが、一人の童子（修行者）が見失った牛（さとりの境地）を探し求め、ようやく牛を見つけて捕まえ、これを飼い慣らし、家に帰ってくるというストーリーになっている。その後、完全に牛と一体化した場面は「人牛倶忘《じんぎゅうぐぼう》」と題され、中に何も書かれていない一円で表現される。これは「住する所なく」の境地であろう。しかし、その後再び景色が現れる。現実の世界に戻って、社会の中で教えを説き人々を導く姿が描かれていく。最後の二枚の絵は「返本還源《へんぽんげんげん》」「入鄽垂手《にってんすいしゅ》」と題される。この姿は「而も其の心を生ずべし」の姿を現している。さらにいうなら、この境地を道元禅師は「水鳥の　行くも帰るも　跡たえて、されども道は　忘れざりけり」と詠んでいる。

（服部育郎）

5

無《む》位《い》の真《しん》人《じん》

この語は「赤肉団上に一無位の真人有り、常に汝等面門より出入す。いまだあきらめざる者は、看《み》よ。看よ」という臨済義玄《りんざいぎげん》の上堂語の中にある。続いて、無位の真人とは何かを問うた僧が、臨済に「君は本来仏であるはずなのに、今はただの乾いた糞（乾屎橛《かんしけつ》）だ」と罵倒されたこともよく知られている。

無位の真人とは、知解分別では捉えられない真の自己とも、仏性、仏心ともいい得るが、臨済がそのように表現しなかったのは、門人が仏心を固定概念化してしまうことを避けたかったのであろう。ちなみに、『従容録《しょうようろく》』第三八則で宏智正覚《わんししょうがく》は「初心未証拠の者」と記し、臨済の「無位」を評価しつつも、あくまでも限定的であるとした。

臨済の「汝等面門より出入す」との表現には、特別な霊魂のような存在が我々の中にあるかの錯誤を生み出す危険がある。しかしこの言葉は、我々が見る、聞く、触るなどの知覚感覚で外世界を認識することを示しているのであり、今の私自身の存在がそのまま仏であることを了得させたい臨済の意図がそこにある。

この「無位の真人」には後日談がある。臨済の弟子とされる定上座《じょうじょうざ》が、師に「いかなるかこれ仏法の大意」と問うたところ、禅床を跳び下りた臨済にいきなり一掌（ビンタ）をくらった。電光石火の行動に、上座は何が起こったのかわからず、ぽかんと立ち尽くすしかなかった。傍らに控えていた侍者が、問答終了の礼拝をするよう促したところ、茫然としたまま無我の境地で礼拝せんとした刹那、仏とは自身にほかならないと悟入した。その様子は、積年の真摯な修行が花開いた瞬間（驀然打発《まくねんたほつ》）であった。

後に、この定上座が、行脚中の巌頭全豁《がんとうぜんかつ》、雪峰義存《せっぽうぎそん》、欽山文邃《きんざんぶんずい》の三人と出会い、巌頭に乞われて無位の真人を臨済に代わって説示した。巌頭、雪峰の二人は臨済の意図を把握して驚嘆したが、若い欽山は「なぜ臨済に問うたその僧は非無位の真人と返答しなかったのか」とつぶやいた。これを聞き逃さなかった定上座は、欽山の胸ぐらをつかみ、無位の真人と非無位の真人と何が違うのかいってみろと迫った。臨済の意図は、仏とは自分自身のことを指すのだと示す点にあるから、表現としては無位に限定する必要はないのであるが、知解を離れて自身の真実を自ら把捉することを意図した言葉であるから、「無位」を分別で捉えてはならないのである。

無位の立場は、宏智がいうように「初心にして、いまだ自己をあきらかにしていない（未証拠）者」へのことばで、ひたすら修行を継続する（往相）立場であり、一方、非無位は、達悟した者が此岸に回帰（還相）して、人々を化導する立場にあたる。欽山の客気は巌頭、雪峰の二人が取りなして事なきを得たが、欽山は果たしてここで「真の自己」を掴み得たであろうか、乾屎橛のままであったであろうか、などとこの話を楽しむのは早計である。

この話が加えられた意図は、欽山に「非無位」を語らせることが目的であり、臨済が「看よ」と云ったことを受けて、「看了」したなら「非無位」へ転じなくてはならないと補ったのである。単に後日談と軽んじたなら、「無眼子《むがんす》」と罵《ののし》られるであろう。公案はすべてに抜け目ないのである。

（佐藤悦成）

あとがき

愛知学院大学は、明治九年に曹洞宗の教師育成機関として創立されて以来、一貫して仏教、特に禅の精神にもとづく人間教育を目標に据えてきました。「行学一体」「報恩感謝」という建学の精神は、その目標を表したものであり、そこには曹洞宗の宗祖である道元禅師と瑩山禅師の教えが反映されています。この建学の精神を発揚するとともに、広く学内外に禅の教えを普及させる中心機関として、昭和四十年に禅研究所が設立されました。また、昭和五十五年には、大学として全国で初めて本格的な坐禅堂が建立されました。それ以来時を経て、平成二十七年には禅研究所開所五十年、坐禅堂開単三十五年の記念すべき年を迎えました。本書の刊行は、その記念行事の一環として企画されたものです。

禅研究所では、上記の目的を実現するために様々な活動を行っています。その中には、月例の参禅会や、毎年恒例の講演会や研究会の実施、あるいは研究所所員の研究成果を公表するための『禅研究所紀要』の公刊などが含まれています。それに加えて、平成九年には、当時の中祖一誠禅研究所所長の発案で「禅研だより」という広報紙が創刊されました。この広報紙は一年に一度の発行ですが、その中に「禅語に親しむ」というコラム欄が設けられています。本書の企画は、このコラムを一書にまとめたいという思いから始まりました。しかし、既存の記事だけで一書を編むには不十分です。そのため、中祖一誠、大野榮人の両元所長が「禅研だより」の巻頭を飾られた文章を加えることにしました。さらに、愛知学院大学で仏教学や宗教学の教育研究に携わるとともに、日頃から禅研究所の活動を支えてくださっている現職、元職、非常勤の先生方に新たな原稿の執筆を依頼しました。ただし、諸般の事情により、収載した記事の数は執筆者ごとに異なります。

禅語の選択にあたっては、編集担当者から何らかの依頼を行うことはせず、すべて先生方にお任せしました。そのため、本書に収載した禅語が、特に重要なものだとか、有名なものというわけではありません。むしろ、一人ひとりの執筆者が座右の銘としている言葉、あるいは、自らの人生の中で印象に残っているものを自由に選んでいただきました。その結果、同じ禅語に対する記事が重複していたり、似たような内容の記事が含まれていることもあります。しかし、たとえ同じ言葉が扱われていても、そこには個々の執筆者の考え方や生きざまが込められています。それぞれの言葉を遺された禅僧の教えとともに、三十代から七十代（執筆当時）まで、年齢の異なる二十三人の執筆者の思いをも感じていただければ幸いです。

本書の刊行にあたり、巻頭言をお寄せくださいました学長 兼 禅研究所所長の佐藤悦成先生、「禅研だより」からの転載をご許可くださいました先生方、新たに原稿を御執筆くださいました先生方、および、索引作成を担当された菅原研州先生に御礼申し上げます。また、本書の刊行を御快諾下さった有限会社大法輪閣、ならびに編集の労をとられた佐々木隆友氏に御礼申し上げますとともに、本書の刊行に御尽力くださったすべての方々に感謝申し上げます。なお、末筆ながら、今回の記念行事にあたっては、同じ大法輪閣より、これまでに禅研究所が主催した講演会の記録をまとめた『仏教の知恵　禅の世界』を同時に上梓いたしました。あわせてご一読ください。

平成二十七年 十月

禅研究所　幹事　木村 文輝

禅語索引

※（）内に読みを記載し、その直後には典拠となる代表的な文献名を挙げた。なお、漢文の訓読や表記が多少異なるものも、同一の語として扱った。

【あ行】

威儀即仏法（いいぎそくぶっぽう）典拠不明 202
一円相（いちえんそう）『碧巌録』巻七・六九則 94
一期一会（いちごいちえ）『茶湯一会集』174-176
一日不作一日不食（いちにちなさざればいちにちくらわず）『祖堂集』巻十四、『五灯会元』巻三 23 25 26 121 202
一物不将来（いちもつふしょうらい）『従容録』巻四・五七則 32
一切衆生悉有仏性（いっさいしゅじょうしつうぶっしょう）『大般涅槃経』巻二七 184 185
梅、早春を開く（うめ、そうしゅんをひらく）『正法眼蔵』「梅華」巻 58 59
回光返照（えこうへんしょう）『普勧坐禅儀』144 145
会者定離（えしゃじょうり）『仏遺教経』175
応時応節（おうじおうせつ）『永平広録』巻三 228-230

【か行】

呵々大笑（かかたいしょう）『趙州録』下巻 98 99
学道（がくどう）『学道用心集』「菩提心を発すべきこと」18 20 45-47 61 210
学道先須学貧（がくどうはまずすべからくひんをまなぶべし）『正法眼蔵随聞記』巻五 45
廓然無聖（かくねんむしょう）『従容録』巻一・二則 85 86
葛藤（かっとう）『禅林僧宝伝』巻三十 99
画餅（がびょう）『正法眼蔵』「渓声山色」巻 100 132 134
看経（かんきん）『正法眼蔵』「看経」巻 23 24
乾屎橛（かんしけつ）『雲門録』上巻 156-158 190 234 236
寰中は天子、塞外は将軍（かんちゅうはてんし、さいがいはしょうぐん）『五灯会元』巻十一 212
眼横鼻直（がんのうびちょく）『永平広録』巻一 135 137 139
喫茶喫飯（きっさきっぱん）『正法眼蔵』「家常」巻 205

喫茶去（きっさこ）『五灯会元』巻四・五八則 203 205
脚下照顧（きゃっかしょうこ）『禅林類聚』巻二十 ※正しくは「照顧脚下」 150 151
教外別伝（きょうげべつでん）『無門関』六則 65
香厳撃竹（きょうげんげきちく）『景徳伝灯録』巻十一 129 132
行持道環（ぎょうじどうかん）『正法眼蔵』「行持」巻 105
行住坐臥（ぎょうじゅうざが）『雲門録』上巻 130
行粥飯僧（ぎょうしゅくはんそう）『潙山語録』 132
銀盌盛雪（ぎんわんにゆきをもる）『宝鏡三昧歌』 71 72
空劫已前の事（くうごういぜんのじ）『伝光録』第四七祖章 126 127
空手還郷（くうしゅげんきょう）『永平広録』巻一 138-140
草を打して蛇驚く（くさをたしてへびおどろく）『伝光録』三五祖章 214
狗子仏性［有無］（くしぶっしょう［うむ］）『従容録』巻二・十八則 69 74
雲収山骨露　雨過四山低（くもおさまりてさんこつあらわれ、あめすぎてしざんたる）『永平広録』巻一 135 140
熏習（くんじゅう）『人天眼目』巻五 200
瑩月耕雲（けいげつこううん）『永平広録』巻十 202
溪声山色（けいせいさんしき）『正法眼蔵』「溪声山色」巻 132 189 191
溪声便是広長舌、山色豈非清浄身（けいせいはすなわちこれこうちょうぜつ、さんしきはあにしょうじょうしんにあらざらんや）『続伝灯録』巻二十 187 190
行雲流水（こううんりゅうすい）『宋史』蘇軾伝、『普勧坐禅儀』 48
吾我を離れる（ごがをはなれる）『学道用心集』「菩提心を発すべきこと」 61
己事究明（こじきゅうめい）『雲門録』中巻の「己事若明」が典拠と思われる 153
是什麼物恁麼来（これなにものかいんもにきたる）『正法眼蔵』「恁麼」巻 88-90

【さ行】

災難に逢ふ時節には…（さいなんにあふじせつには…）良寛の手紙 167
茶に逢うては茶を喫し、飯に逢うては飯を喫す（さにおうてはさをきっし、はんにおうてははんをきっす）『日域洞上諸祖伝』上巻「總持寺瑩山瑾禅師伝」 51
作法是宗旨（さほうこれしゅうし）『正法眼蔵』「洗浄」巻 202
三昧（ざんまい）『ヨーガ・スートラ』 52 122 124 125
只管打坐（祇管打坐）（しかんたざ）『弁道話』 17 102 104 140
指月（しげつ）『大智度論』巻九 65 66

自己を忘れる（じこをわすれる）『正法眼蔵』「現成公案」巻 61
自受用三昧（じじゅゆうざんまい）『弁道話』 139
死生を避けず敢て虎鬚を将く具眼の士（しししょうをさけずあえてこしゃくをひくぐげんのし）『碧巌録』巻三・二六則 225
時節因縁（じせついんねん）『正法眼蔵』「仏性」巻 164 165
十方壁落なく、四面又（また）門なし（じっぽうへきらくなく、しめんまたもんなし）『伝光録』四七祖章 126 127
自灯明、法灯明（じとうみょう、ほうとうみょう）『ブッダ最後の旅』 160
滋味なき処に深き滋味あり（じみなきところにふかきじみあり）『伝光録』三一祖章 206 207
粥飯頭（しゅくはんとう）『円悟心要』上巻 42-44
修証これ一等（しゅしょうこれいっとう）『弁道話』 102
修証不二（しゅしょうふに）『弁道話』※正しくは「修証これ一等なり」であり、「修証不二」の出典は『曹洞扶宗会雑誌』 109
主人公（しゅじんこう）『無門関』十二則 148 154 158
衆星、北辰に拱う（しゅせい、ほくしんにむかう）『空谷集』巻四・五八則 16
春風高下無く、花枝自から長短（しゅんぷうこうげなく、かしおのずからちょうたん）『円覚経心鏡』巻二 178 179
照顧脚下（しょうこきゃっか）『禅林類聚』巻二十 150 151
生死事大（しょうじじだい）『景徳伝灯録』巻五、『六祖壇経』 21 22
趙州看婆（じょうしゅうかんば）『従容録』巻一・十則 216
証上の修（しょうじょうのしゅ）『弁道話』 103
正身端坐（しょうしんたんざ）『普勧坐禅儀』 139
聖諦第一義（しょうたいだいいちぎ）『碧巌録』巻一・一則 86
生仏不二（しょうぶつふに）『正法眼蔵』「現成公案」巻 144
生を明らめ死を明らむるは……（しょうをあきらめしをあきらむるは……）『正法眼蔵』「諸悪莫作」巻 21
諸行無常（しょぎょうむじょう）『大般涅槃経』巻十四 48 190 210 229 230
諸法実相（しょほうじっそう）『妙法蓮華経』巻一 154
諸法無我（しょほうむが）『大般涅槃経』巻二 210
思量（しりょう）『正法眼蔵』「坐禅箴」巻 91-93
人牛倶忘（じんぎゅうぐぼう）『十牛図』 233
身心脱落（しんじんだつらく）『弁道話』 17 102 139
真如（しんにょ）『信心銘』 128 168
心不可得（しんふかとく）『正法眼蔵』「心不可得」巻 62 63 133 134
随処作主立処皆真（ずいしょにしゅとなればりっしょみなしんなり）『臨済録』 154
説似一物即不中（せつじいちもつそくふちゅう）『天聖広灯録』

巻八 88-90
山河並びに大地、全て法王の身を露わせり（せんがならびにだいち、すべてほうおうのみをあらわせり）『嘉泰普灯録』巻二五 187
前後際断（ぜんごさいだん）『正法眼蔵』「現成公案」巻 171-173
草裏漢（そうりかん）『碧巌録』巻二・十六則 152
即心即仏（そくしんそくぶつ）『無門関』三〇則 180
祖師西来意（そしせいらいい）『景徳伝灯録』巻四 74 75 151
啐啄同時（そったくどうじ）『碧巌録』巻二・十六則 226

【た行】

大安楽の法門（だいあんらくのほうもん）『正法眼蔵』「坐禅儀」巻 109
第一義諦（だいいちぎたい）『従容録』巻一・一則 128
大地有情同時成道（だいちうじょうどうじじょうどう）『正法眼蔵』「溪声山色」巻 191
たき木、はひとなる……（たきぎ、はひとなる……）『正法眼蔵』「現成公案」巻 172
打坐即仏法（たざそくぶっぽう）『正法眼蔵』「三昧王三昧」巻 139
他は是れ吾にあらず（たはこれわれにあらず）『典座教訓』28 29
擔板漢（たんぱんかん）『碧巌録』巻一・四則 152
知足（ちそく）『仏遺教経』39-41
釣月耕雲（ちょうげつこううん）『宏智広録』巻八 202
釣月耕雲慕古風（ちょうげつこううんもこふう）『永平広録』巻十 201
朝朝日東出、夜夜月沈西（ちょうちょうひはひがしよりいで、よよつきはにしにしずむ）『永平広録』巻一 135 136 140
庭前柏樹子（ていぜんのはくじゅし）『無門関』三七則 74-76 190
滴丁東了滴丁東（てきていとうりょうてきていとう）『正法眼蔵』「摩訶般若波羅蜜」巻、『永平広録』巻九 182 183
趯倒浄瓶（てきとうじょうびょう）『無門関』四十則 96
天上天下唯我独尊（てんじょうてんげゆいがどくそん）『碧巌録』巻二・十六則 159
洞山寒熱不到（とうざんかんねつふとう）『洞山録』、『碧巌録』巻五・四三則 166
等持（とうじ）『従容録』巻二・十七則 124
同事（どうじ）『正法眼蔵』「菩提薩埵四摂法」巻 156
独坐大雄峰（峯）（どくざだいゆうほう）『碧巌録』巻三・二六則 104 121 122 224
虎の翅を挿すが如くに相似す（とらのつばさをさすがごとくにそうじす）『碧巌録』巻三・二六則 225

【な行】

而今（にこん）『正法眼蔵』「有時」巻 170
日日是好日（にちにちこれこうにち）『雲門録』中巻 194-196
日面［佛］月面［佛］（にちめん［ぶつ］がちめん［ぶつ］）『碧巌録』巻一・三則 169 170
入鄽垂手（にってんすいしゅ）『十牛図』233
若至（にゃくし）『正法眼蔵』「仏性」巻 165
如実知見（にょじつちけん）『宗鏡録』巻二九 136
任運無作（にんうんむさ）『大集大虚空蔵菩薩所問経』巻二 104

【は行】

馬祖不安（ばそふあん）『碧巌録』巻一・三則、『従容録』巻三・三六則、『永平広録』巻九 169
八風吹不動（はっぷうふけどもどうぜず）『従容録』十九則 53
春は花　夏ほととぎす　秋は月　冬雪さえて　冷しかりけり（はるははな、なつほととぎす、あきはつき、ふゆゆきさえて、すずしかりけり）『傘松道詠』181 189
弄花香満衣（はなをろうすればかおりころもにみつ）『五祖法演禅師語録』中巻 199
久習模象、勿怪真龍（ひさしくもぞうをならって、しんりゅうをあやしむことなかれ）『普勧坐禅儀』114
非思量（ひしりょう）『正法眼蔵』「坐禅箴」巻 91 92 93
非仏（ひぶつ）『正法眼蔵』「仏向上事」巻 118
百尺竿頭更進一歩（ひゃくしゃくかんとうさらにいっぽをすすむ）『無門関』四六則 210
百丈野狐（ひゃくじょうやこ）『従容録』巻一・八則 67
貧道（ひんどう）『正法眼蔵随聞記』巻六 47
風顛漢（ふうてんかん）『臨済録』152
風流ならざる処も也た風流（ふうりゅうならざるところもまたふうりゅう）『碧巌録』巻七・六七則 207 208
不識（ふしき）『碧巌録』巻一・一則 87
不思量（ふしりょう）『正法眼蔵』「坐禅箴」巻 91-93
普請作務（ふしんさむ）『正法眼蔵』「行持」巻 202
不染汚（ふぜんな）『正法眼蔵』「洗浄」巻 108-110 166
不染汚の修証（ふぜんなのしゅしょう）『正法眼蔵』「坐禅儀」巻 109 110
仏向上事（ぶつこうじょうじ）『正法眼蔵』「仏向上事」巻 117-119
仏作仏行（ぶっさぶつぎょう）『正法眼蔵』「行仏威儀」巻 24 103 104
仏性（ぶっしょう）『大般涅槃経』69 70 165 184 199 234
仏祖の大道（ぶっそのだいどう）『正法眼蔵』「行持」巻 105
仏道をならふといふは自己をならふなり（ぶつどうをならふといふはじこをならふなり）『正法眼蔵』「現成公案」巻 149

不昧因果（ふまいいんが）『従容録』巻一・八則　67
父母未生已前の面目（ぶもみしょういぜんのめんもく）『景徳伝灯録』巻十一　129　130
不落因果（ふらくいんが）『従容録』巻一・八則　67　68
不立文字（ふりゅうもんじ）『無門関』六則　65　82-84　86　131
平常心是道（へいじょうしんぜどう）『無門関』十九則　50-52　180
偏界不曽蔵（へんがいかつてかくさず）『景徳伝灯録』巻十五　186　187
返本還源（へんぽんげんげん）『十牛図』　233
放下著（ほうげじゃく）『従容録』巻四・五七則　32
菩提心（ぼだいしん）『学道用心集』「菩提心を発すべきこと」　18-20
菩提本無樹明鏡亦非台（ぼだいにもとじゅなく、めいきょうもまただいにあらず）『六祖壇経』　34　36
発心（ほっしん）『正法眼蔵』「行持」巻　105-107　198
発菩提心（ほつぼだいしん）『学道用心集』「菩提心を発すべきこと」、『正法眼蔵』「発菩提心」巻　18　20
歩歩清風起（ほほせいふうおこす）『列祖提綱録』巻三四　197　198
本証妙修（ほんしょうみょうしゅ）『弁道話』※正しくは「妙修を放下すれば、本証、手の中にみてり、本証を出身すれば、妙修、通身におこなはる」であり、「本証妙修」の出典は『曹洞扶宗会雑誌』　110　119　144
本来の面目（ほんらいのめんもく）『無門関』二三則　144-146　148　154　189
本来本法性、天然自性身（ほんらいほんぽっしょう、てんねんじしょうしん）『建撕記』　17
本来無一物（ほんらいむいちもつ）『六祖壇経』、『正法眼蔵』「古鏡」巻　34-37

【ま行】

驀然打発（まくねんたほつ）『無門関』一則　235
莫妄想（まくもうぞう）『碧巌録』十九則、『景徳伝灯録』巻八　77-79
応無所住而生其心（まさにじゅうするところなくして、しかもそのこころをしょうずべし）『金剛般若経』、『六祖壇経』　231
麻三斤（まさんぎん）『無門関』十八則　158　190
磨甎作鏡（ませんさきょう）『正法眼蔵』「坐禅箴」巻　111
水鳥の　行くも帰るも　跡たえて　されども道は　忘れざりけり（みずとりの、いくもかえるも、あとたえて、されどもみちは、わすれざりけり）『傘松道詠』　233
掬水月在手（みずをきくすればつきてにあり）『五祖法演禅師語録』中巻　199
峰の色　渓の響きも　みなながら　我釈迦牟尼の　声と姿と（み

ねのいろ、たにのひびきも、みなながら、わがしゃかむにの、こえとすがたと）『傘松道詠』146 180 187 190
身を削り　人に尽くさん　すりこぎの　その味知れる　人ぞ尊し（みをけずり、ひとにつくさん、すりこぎの、そのあじしれる、ひとぞとうとし）永平寺に伝わる和歌 175
無為自然（むいじねん）『老子道徳経』103
無位の真人（むいのしんじん〈しんにん〉）『臨済録』154 234 235
無眼子（むがんす）『驢鞍橋』中巻 236
無功徳（むくどく）『碧巌録』巻一・一則 86
無常（むじょう）『学道用心集』「菩提心を発すべきこと」19-22 61 175 230
無所悟（むしょご）『正法眼蔵随聞記』巻六 103 112
無所得（むしょとく）『正法眼蔵随聞記』巻六 33 103 112
無心（むしん）『頓悟要門』49 103 181
無分別（むふんべつ）特定不能 66
無念無想（むねんむそう）『宗鏡録』巻四一 124 125
明鏡止水（めいきょうしすい）『荘子』「徳充符」61
明歴々露堂々（めいれきれきろどうどう）『永平広録』巻四 180 181
聞声悟道（もんしょうごどう）『景徳伝灯録』巻十一 129

【や行】

山是山（やまこれやま）『雲門録』上巻 146

【ら行】

狸奴白牯却って有ることを知る（りぬびゃっこかえってあることをしる）『従容録』巻五・六九則 141
両忘（りょうぼう）『碧巌録』巻九・八四則 60 61
冷暖自知（れいだんじち）『無門関』二三則、『六祖壇経』14 15
老古錐（ろうこすい）『永平広録』巻二 220-222
老婆心（ろうばしん）『御遺言記録』218 219
老婆親（心）切（ろうばしんせつ）『臨済録』217 218

【わ行】

吾常於此切（われつねにここにおいてせつなり）『正法眼蔵』「神通」巻 166

人名索引

※（）内に読みと生没年を記載した。ただし生没年は、不明である場合や諸説あり定まっていない場合は記載していない。

【あ行】

潙山［霊祐］（いさん［れいゆう］ 七七一～八五三） 96 97 129 130 →大潙
于良史（うりょうし） 199
雲門［文偃］（うんもん［ぶんえん］ 八六四～九四九） 71 118 156 158 194-196
栄西（えいさい 一一四一～一二一五） 138 203 141
慧可（えか 四八七～五九三） 62
懐弉（えじょう） 45 ⇒孤雲懐弉
懐譲（えじょう） 89 90 111 ⇒南嶽［懐譲］
慧能（えのう） 34-37 94 104 ⇒六祖［慧能］
円（圜）悟［克勤］（えんご［こくごん］ 一〇六三～一一三五） 34 43
お釈迦さま（おしゃかさま） 229 ⇒釈尊

【か行】

覚明（かくみょう） 151 ⇒孤峰覚明
迦葉仏（かしょうぶつ） 67
荷沢神会（かたくじんね 六八四～七五八） 104
迦那提婆（かなだいば） 71
巌頭［全豁］（がんとう［ぜんかつ］ 八二八～八八七） 235 236
義介（ぎかい） 219 ⇒徹通義介
帰宗智常（きすちじょう） 95
香厳［智閑］（きょうげん［ちかん］ ?～八九八） 129-133
経豪（きょうごう） 115
仰山慧寂（きょうざんえじゃく 八〇七～八八三） 94
鏡清（きょうせい 八六八～九三七） 226
欽山［文邃］（きんざん［ぶんずい］） 235 236
瑩山（けいざん 一二六四～一三二五） 51 126-128 205-207 214 215
厳陽［善信］（げんよう［ぜんしん］） 32 33

弘忍（こうにん　六〇一～六七四）36
孤雲懐奘（こうんえじょう　一一九八～一二八〇）219　↓懐奘
孤峰覚明（こほうかくみょう　一二七一～一三六一）151　↓覚明

【さ行】

三祖僧璨（さんそうさん　?～六〇六）94
［瑞巌］師彦（［ずいがん］しげん）148
四祖道信（しそどうしん　五八〇～六五一）25　↓大医道信
釈迦牟尼（しゃかむに）146 180 187 190　⇓釈尊
釈尊（しゃくそん　B.C.四六三頃～三八三頃）18-20 22 45 54 62 79 112 144 156 157 159-161 175 187-189 191 205 231 232　↓お釈迦さま、釈迦牟尼
首山［省念］（しゅざん［しょうねん］　九二六～九九三）214
成桂（じょうけい）100
趙州［従諗］（じょうしゅう［じゅうしん］　七七八～八九七）32 33 50 69 70 74-76 98 99 203 205 216 217
定上座（じょうじょうざ）235
真歇清了（しんけつせいりょう　一〇八八～一一五一）126 128
神秀（じんしゅう　?～七〇六）34 37
青原［行思］（せいげん［ぎょうし］　?～七四〇）214 215
石霜［慶諸］（せきそう［けいしょ］　八〇七～八八八）186
石頭［希遷］（せきとう［きせん］　七〇〇～七九〇）169 214
雪峰［義存］（せっぽう［ぎそん］　八二二～九〇八）235 236
詮慧（せんね）106
曹渓（そうけい）35 88 214　⇓六祖［慧能］
蘇軾（そしょく）187　⇓蘇東坡
蘇東坡（そとうば　一〇三六～一一〇一）48 190　↓蘇軾

【た行】

大潙（だいい）132 133　⇓潙山［霊祐］
大医道信（だいいどうしん）206　⇓四祖道信
大慧（だいえ）108　⇓南嶽［懐譲］
大鑑［慧能］（だいかん［えのう］）34-36　⇓六祖［慧能］
大慈［寰中］（だいじ［かんちゅう］　七八〇～八六二）98 99
大証国師（だいしょうこくし）132　⇓南陽慧忠
大智（だいち　一二九〇～一三六六）164
達磨（だるま　?～四九五?）25 62 63 74 86 87 201　↓菩提達磨
丹霞［子淳］（たんか［しじゅん］　一〇六四～一一一七）126-128
耽源応真（たんげんおうしん）94
長沙景岑（ちょうさけいしん）210
徹通義介（てっつうぎかい　一二一九～一三〇九）51 219　↓義介
天童［正覚］（てんどう［しょうがく］）127　⇓宏智［正覚］

天童［如浄］（てんどう［にょじょう］）135 ⇒如浄

道元（どうげん 一二〇〇～一二五三）17-21 28-30 34 45 48 58 61 89-93 100 102-106 108 112-116 118 119 128 133 135 136 138 140 141 144 149 151 165 166 170 172 180 182 183 185 187 189-191 197 201 205 210 219 228 229 233

洞山守初（とうざんしゅしょ 九一〇～九九〇）158

洞山［良价］（とうざん［りょうかい］ 八〇七～八六九）45 72 117-119 166-168

徳山［宣鑑］（とくさん［せんかん］ 七八〇～八六五）63 133 134

【な行】

楢崎一光（ならさきいっこう 一九一八～一九九六）197

南嶽［懐譲］（なんがく［えじょう］ 六七七～七四四）88 108 111 112
→懐譲、大慧、南嶽大慧

南嶽大慧（なんがくだいえ）88 ⇒南嶽［懐譲］

南泉［普願］（なんせん［ふがん］ 七四八～八三四）50 51 94 95 141 180

南陽慧忠（なんようえちゅう ?～七七五）94 95 →大証国師

如浄（にょじょう 一一六二～一二二七）17 58 102 104 135 139 182 183
→天童［如浄］

【は行】

馬祖［道一］（ばそ［どういつ］ 七〇九～七八九）78 94 111 112 169 170 180

巴陵［顥鑑］（はりょう［こうかん］）71 72

百丈［懐海］（ひゃくじょう［えかい］ 七四九～八一四）23 26 27 67 68 96 97 103 121 122 129 202 224 225

芙蓉道楷（ふようどうかい 一〇四三～一一一八）43 44

菩提達磨（ぼだいだるま）62 74 86 ⇒達磨

【ま行】

麻谷宝徹（まよくほうてつ）95

卍山道白（まんざんどうはく 一六三六～一七一五）135

宮崎奕保（みやざきえきほ 一九〇一～二〇〇八）171

明恵（みょうえ 一一七三～一二三二）44

無業（むごう 七六〇～八二一）78

無門慧開（むもんえかい 一一八三～一二六〇）74

面山［瑞方］（めんざん［ずいほう］ 一六八三～一七六九）71 72

【や行】

薬山［弘道（惟儼）］（やくさん［こうどう（いげん）］ 七四五～八二八）91-93

用（ゆう）28
楊岐方会（ようぎほうえ　九九二〜一〇四九）45
吉田兼好（よしだけんこう）195

【ら行】

龍牙［居遁］（りゅうげ［こどん］　八三五〜九二三）45
龍樹（りゅうじゅ）19 20 65 100
良寛（りょうかん　一七五八〜一八三一）167
梁山［縁観］（りょうざん［えんかん］）212 213
臨済［義玄］（りんざい［ぎげん］　?〜八六七）154 234-236
六祖［慧能］（ろくそ［えのう］　六三八〜七一三）25 34 36 37 88-90 94 108 214 231　→慧能、曹渓、大鑑［慧能］

【わ行】

宏智［正覚］（わんし［しょうがく］　一〇九一〜一一五七）127 234-236　→天童［正覚］

【本書執筆者一覧（五十音順）】

伊藤《いとう》 秀憲《しゅうけん》	愛知学院大学文学部教授
伊藤《いとう》 秀真《しゅうしん》	愛知学院大学教養部非常勤講師
大野《おおの》 榮人《ひでと》	愛知学院大学文学部客員教授・前学長・元禅研究所所長
大橋《おおはし》 崇弘《たかひろ》	愛知学院大学教養部非常勤講師
岡島《おかじま》 秀隆《ひでたか》	愛知学院大学教養部教授・前禅研究所所長
加藤《かとう》 正賢《しょうけん》	元愛知学院大学教養部非常勤講師
河合《かわい》 泰弘《たいこう》	愛知学院大学教養部准教授
川口《かわぐち》 高風《こうふう》	愛知学院大学教養部教授
川口《かわぐち》 高裕《こうゆう》	愛知学院大学教養部非常勤講師
神戸《かんべ》 信寅《のぶとら》	元愛知学院大学短期大学部教授
木村《きむら》 文輝《ぶんき》	愛知学院大学文学部教授
佐藤《さとう》 悦成《えつじょう》	愛知学院大学文学部教授・学長・禅研究所所長
菅原《すがわら》 研州《けんしゅう》	愛知学院大学教養部講師
菅原《すがわら》 諭貴《ゆうき》	元愛知学院大学短期大学部教授・苫小牧駒澤大学非常勤講師
鈴木《すずき》 哲雄《てつお》	愛知学院大学名誉教授・元禅研究所副所長
田島《たじま》 毓堂《いくどう》	名古屋大学名誉教授・元愛知学院大学文学部教授
立川《たちかわ》 武蔵《むさし》	国立民族学博物館名誉教授・元愛知学院大学文学部教授
中祖《なかそ》 一誠《いっせい》	愛知学院大学名誉教授・元副学長・元禅研究所所長
服部《はっとり》 育郎《いくろう》	愛知学院大学教養部非常勤講師・中村元東方研究所専任研究員
引田《ひきた》 弘道《ひろみち》	愛知学院大学文学部教授
武藤《むとう》 明範《あきのり》	元愛知学院大学教養部非常勤講師
山端《やまはし》 信祐《しんゆう》	愛知学院大学教養部非常勤講師
吉田《よしだ》 道興《どうこう》	愛知学院大学名誉教授

愛知学院大学 禅研究所

〒470-0195
愛知県日進市岩崎町阿良池 12
TEL : 0561-73-1111
FAX : 0561-72-4970
ホームページ : http://zenken.agu.ac.jp/

禅語《ぜんご》にしたしむ ――悟《さと》りの世界《せかい》からのメッセージ

平成 27 年 11 月 19 日 初版第 1 刷発行 ©

編　　者	愛知学院大学 禅研究所
発 行 人	石原大道
印刷・製本	三協美術印刷株式会社
発 行 所	有限会社 大法輪閣 〒 150-0011 東京都渋谷区東 2-5-36 大泉ビル2F TEL　(03) 5466-1401(代表) 振替　00130-8-19 番 http://www.daihorin-kaku.com

ISBN978-4-8046-8208-2 C0015 Printed in Japan